Orson Welles / Antonio Buero Vallejo

CAMPANAS A MEDIANOCHE

Diálogos de
Antonio Buero Vallejo

Edición
Luis Deltell y Jordi Massó

- STOCKCERO -

Foreword, notes & bibliography © Luis Deltell y Jordi Massó

Of this edition © Stockcero 2016
1st. Stockcero edition: 2016
ISBN: 978-1-934768-85-3
Library of Congress Control Number: 2016937326
All rights reserved.
This book may not be reproduced, stored in a retrieval system, or transmitted, in whole or in part, in any form or by any means, electronic, mechanical, photocopying, recording, or otherwise, without written permission of Stockcero, Inc.

Set in Linotype Granjon font family typeface
Printed in the United States of America on acid-free paper.

Published by Stockcero, Inc.
3785 N.W. 82nd Avenue
Doral, FL 33166
USA
stockcero@stockcero.com
www.stockcero.com

Orson Welles / Antonio Buero Vallejo

CAMPANAS
A
MEDIANOCHE

Diálogos de
Antonio Buero Vallejo

Índice

1. Introducción ix
2. *Campanadas a medianoche*, una película española de Orson Welles xii
3. *Campanas a medianoche*, la versión de Buero Vallejo xx
4. Análisis de *Campanas a medianoche* xxxi

Campanas a medianoche

Criterios de esta edición 1
Dramatis personae (por orden de aparición) 3
Advertencias Generales 11
(Escena 1) Árboles como negros esqueletos sobre un cielo plomizo 13
(Escena 2) Campo abierto cercano al castillo (día) 15
(Escena 3) Salón del trono en el castillo 18
(Escena 4) Otro lugar del castillo 20
(Escena 5) Interior de la posada de «La cabeza del jabalí» (madrugada) 23
(Escena 5A) Alcoba 24
(Escena 5B) Serie de tomas 25
(Escena 6) Aposento en el castillo de Espuela (día) 31
(Escena 7) El patio del castillo de Espuela 33
(Escena 8) El bosque 36
(Escena 9) Aposento en el castillo 41
(Escena 10) Una calle de Londres 43
(Escena 10A) Interior de la posada (la bodega) 43
(Escena 10B) La sala principal 44
(Escena 10C) La calle frente a la posada 60
(Escena 11) Las puertas del castillo 60
(Escena 11A) El castillo 60
(Escena 12) Calles de Londres 63
(Escena 13) El campamento rebelde 69
(Escena 14) La casa de Cero 72
(Escena 15) Las tropas del rey (cerca de Shrewsbury) 81
(Escena 16) El campamento rebelde (amanece... niebla) 83
(Escena 16A) Otro ángulo 84
(Escena ¿16A?) Campamento del rey (niebla) 85

(Escena 16B) Contracampo: 86
(Escena 16C) El campamento rebelde 86
(Escena 17) La batalla (niebla espesa)..86
(Escena 17A) El ejército rebelde carga 87
(Escena 17B) El ejército del rey carga 87
(Escena 17C) Serie de tomas 87
(Escena 17D) 87
(Escena 17E) 88
(Escena 17F) La lucha entre Espuela y Hal (serie de tomas) 89
(Escena 17G) Otra parte del campo (estudio grande) 91
(Escena 18) El campamento del rey (estudio pequeño)..................................91
(Escena 18A) Otro ángulo 92
(Escena 18B) Otro ángulo 94
(Escena 19) La alcoba del rey (noche) 96
(Escena 20) Campo abierto cerca de las murallas de la ciudad 100
(Escena 21) Un parque real (día) 103
(Escena 22) Aposento de Falstaff en la posada de «La cabeza del jabalí» 106
(Escena 23) El castillo (noche)...121
(Escena 23A) La alcoba del rey..121
(Escena 23B) La capilla 122
(Escena 23C) 122
(Escena 23D) El lecho 123
(Escena 23F)..126
(Escena 24) La casa de Cero 127
(Escena 24B) Exterior de la casa de Cero (noche) 134
(Escena 25) Londres - Una plaza pública (día)...134
(Escena 26) Exterior. Iglesia (¿alberca?) 139
(Escena 27) Otro ángulo: calle (¿alberca?) 139
(Escena 28) La posada de «La cabeza del jabalí» 140
(Escena 29?) Otro ángulo 140
(Escena 30) Exterior. Las almenas del castillo (tarde) 141
(Escena 31) La posada de «La cabeza del jabalí» 143
(Escena 31A) Patio de la posada 144
(Escena 31B) La calle 144

1. Introducción

El 23 de diciembre de 1965 se estrenó en Barcelona de manera oficial y con carácter mundial la película *Chimes at Midnight* (*Campanadas a medianoche*) de Orson Welles. Tanto la prensa como las autoridades políticas del franquismo elogiaron el gran éxito que suponía esta premier para el país. El que un director de esa categoría rodase en España era motivo de celebración. Sin embargo, tras las luces del lanzamiento se ocultaban y maquillaban muchos obstáculos, carencias y hasta vicios del cine español. Para empezar, muy posiblemente aquel pase de Barcelona no fuese el estreno real —ya que parece que semanas antes la película había sido exhibida en Zaragoza—. Además, la fecha del estreno no obedecía a una estrategia comercial seria o a una propuesta realista de exhibición para lanzar el largometraje de cara a la campaña cinematográfica de Navidad; simplemente era un simulacro para cumplir con los requisitos de las ayudas gubernamentales. Por último, la versión del filme que se proyectó en las salas catalanas no fue la definitiva. Esto es, el gran estreno mundial en Barcelona no fue sino un espectáculo ideado para ajustarse a una norma administrativa y así poder cobrar la subvención estatal.

Emiliano Piedra, el empresario español que produjo este largometraje de Welles, se encontraba con enormes dificultades para acabar la película, aun cuando el rodaje hubiese terminado meses antes. Las facturas se acumulaban y el director estadounidense efectuaba continuos cambios en el montaje, con el consiguiente agobio del productor, que además no conseguía firmar ningún contrato para distribuir la obra adecuadamente. No será hasta después de su presentación en el Festival de Cannes de 1966 cuando la película comience su verdadera carrera en el mercado internacional. Por si todo lo anterior no fuera suficiente, Welles no dejará de hacer ligeros cambios y trucajes en la cinta hasta su versión definitiva, que saldrá a la luz con su exhibición en Estados Unidos, en marzo de 1967.

Chimes at Midnight ha sido una de las obras más estudiadas, analizadas y comentadas de la historia del cine. Existen trabajos excelentes sobre este largometraje, como el que, a modo de memorias, escribe Juan Cobos, ayudante personal de Welles durante el rodaje, o el profundo y valioso ensayo de Esteve Riambau, en el que se analiza de forma precisa la obsesión de Orson Welles por el personaje shakesperiano Falstaff[1]. Además, Luciano Berriatúa coordinó una cuidada restauración de varias copias del filme depositadas en la Filmoteca Española, a la que acompañó con la realización de un documental sobre las distintas versiones de la película[2]. Es casi imposible hablar de este largometraje sin redundar en las aportaciones de estos textos y trabajos previos.

Sin embargo, *Chimes at Midnight* sigue ocultando una historia poco conocida[3]: la insólita colaboración de Antonio Buero Vallejo con la película de Welles. En 1965, previa petición de Emiliano Piedra, el dramaturgo español realizó una versión en castellano –la que se presenta en esta edición– del libreto original de Orson Welles. El texto de Buero, titulado según su criterio como *Campanas a medianoche*, se daba por perdido. Sin ir más lejos, uno de los principales especialistas en la obra del escritor español, Mariano de Paco, afirmó que de aquella versión «nada se ha conservado, que sepamos»[4]. Es lógico que este investigador no conociera el paradero exacto del texto. A pesar de que nunca dejó de estar en el archivo personal de Buero, la abundante documentación que allí se acumulaba dificultó su acceso. Sólo la labor de clasificación de todo el material llevada a cabo por la familia del dramaturgo tras su fallecimiento, permitió la «reaparición» de éste y otros trabajos que se daban por perdidos y que ahora se están dando a conocer.

Campanas a medianoche es mucho más que una mera traducción de los diálogos ingleses de Orson Welles; desde un principio el encargo fue concebido como una versión de la mayor calidad posible y con un castellano de época, equivalente al del libreto inglés, y «propio de la Picaresca». Emiliano Piedra recurriría al dramaturgo más importante de España en aquel momento, autor también de una sobresaliente adap-

---

1   Cobos, Juan. *Orson Welles, vol. II: España como obsesión*. Valencia: Filmoteca Generalitat de Valencia, 1993. Riambau, Esteve. *Las cosas que hemos visto. Welles y Falstaff*. Girona/Málaga: Luces de Gálibo, 2015.
2   Berriatúa, Luciano. *Las versiones de* Campanadas a medianoche *de Orson Welles*. Madrid: Filmoteca Española, 2012.
3   Deltell, Luis y Massó, Jordi. «*Campanas a medianoche*: un desafío estético para Antonio Buero Vallejo». En: *Rilce. Revista de Filología hispánica*. 31.1, 2015. 120-153.
4   De Paco, Mariano. «Buero Vallejo y el cine». En: Romera Castillo, José. *Del teatro al cine y la televisión en la segunda mitad del siglo XX*. Madrid: Visor, 2002. 98.

tación en español de *Hamlet* (1961), para que realizase algo muy diferente a una traducción. El empresario cinematográfico quería un texto literario de la misma altura que el del guion inglés empleado por el cineasta, quien lo había creado principalmente, no se olvide, a partir de fragmentos de obras de Shakespeare. El trabajo de Buero Vallejo fue notable y valiente. En ningún caso recurrió a una trasposición simplista o literal, sino que intentó mantener el estilo y el ritmo de los versos, y buscó que la obra se ajustará tanto a la calidad literaria del original como a los requisitos propios del doblaje cinematográfico.

Como sostiene el filósofo Jean-Luc Nancy:

> La traducción hace pasar un texto desde una lengua a otra. Sabemos, precisamente, que esto no consiste en una operación de traslación, sino más bien de transformación, por no decir incluso de transubstanciación. De una lengua a otra no se recorre un pasaje continuo, sino que se franquea un espacio vacío, una sima, incluso un abismo.[5]

Si damos lo anterior por cierto, el texto de *Campanas a medianoche* es, sin duda, una profunda «transubstanciación». Buero Vallejo se esforzó y puso todo su talento para lograr que su guion en castellano no frivolizase el verso de Shakespeare ni ralentizara el tempo fílmico de Welles. El dramaturgo había demostrado en colaboraciones cinematográficas anteriores que conocía y manejaba con soltura los conceptos del lenguaje fílmico, tanto en sus implicaciones estéticas como en la terminología técnica[6]. Sin embargo, Emiliano Piedra decidió no usar este trabajo, seguramente por considerarlo demasiado culto, y por tanto poco comercial para el público que asistía al cine en la España de aquella época. Por ello, la versión del dramaturgo ha permanecido inédita durante medio siglo.

---

5   Nancy, Jean-Luc. *La partición de las voces*. Madrid: Avarigani, 2014. 7.
6   Véase Massó, Jordi y Deltell, Luis. «El símbolo perdido. Estética y pensamiento en las adaptaciones cinematográficas de obras de Antonio Buero Vallejo», publicado en *Comunicación y sociedad* vol. XXI (2012). 217-251.

2. *Campanadas a medianoche*, UNA PELÍCULA ESPAÑOLA DE ORSON WELLES

Orson Welles manifestó en múltiples ocasiones que su película favorita, aquella de la que se sentía más orgulloso, era *Chimes at Midnight*. Sin duda, tenía motivos para creerlo, tanto por el excelente resultado final, como por las enormes dificultades del rodaje –que le obligaron a idear brillantes soluciones de puesta en escena– o el magnífico montaje de la batalla central de la obra. Pero nada de esto era comparable a lo que suscitaba en él la figura de Falstaff. Welles, como bien ha reflejado Esteve Riambau[7], se sentía fascinado desde su juventud por este personaje de William Shakespeare. *Chimes at Midnight* no era para el cineasta una película más, sino aquélla que por primera vez le iba a permitir interpretar a su querido Falstaff en la gran pantalla, como ya había hecho en el teatro.

Por tanto, *Chimes at Midnight* fue para Welles una oportunidad única para abordar de una forma completa la figura del personaje shakesperiano. En el mundo cinematográfico y teatral, el creador norteamericano era reconocido como un excelente intérprete de Shakespeare, pero a pesar de ello a principios de la década de los años sesenta ninguna gran productora de Hollywood quería arriesgarse en un proyecto suyo. Sus fracasos comerciales, su deseo de controlar todo el proceso de producción, incluida la copia final, y su fuerte tendencia autoral, le convertían en uno de los directores estadounidenses más conflictivos.

La carrera cinematográfica de Orson Welles había sido deslumbrante. Con poco más de veinte años rodó, a modo de entremés fílmico para sus piezas de teatro, su primer mediometraje: *Too much Johnson* (1938). La película constaba de tres partes que funcionaban como prólogos a diversas funciones teatrales. La obra completa se filmó silente y la estructura copiaba el engranaje de los títulos cómicos de Buster Keaton y de Harold Lloyd, es decir, el puro *slapstick* de finales de los años veinte del siglo pasado, pero realizada una década después. Tras su rotundo fracaso comercial, el filme se perdió y se recuperó azarosamente en 2013, en Italia.

El verdadero aldabonazo de entrada en el cine fue el asombroso con-

---

[7] Riambau, Esteve. *Las cosas que hemos visto. Welles y Falstaff*, op. cit. 51.

trato que Orson Welles firmó con la productora RKO en 1939. A finales de la década de los treinta, los grandes estudios competían ferozmente por descubrir nuevas promesas. Nada parecía que pudiese frenar el auge y popularidad del cine. La industria fílmica llevaba diez años creciendo a pesar de la profunda depresión económica de los Estados Unidos. Algunas productoras, para mantener en nómina a sus mejores directores y guionistas, habían aceptado que éstos coprodujesen sus títulos, aunque sólo veteranos como Ernest Lubitsch y Frank Capra habían logrado ese prestigioso estatus en Hollywood (situación inimaginable tan sólo un lustro antes). Para sorpresa de todos, la empresa RKO concedió a un joven de veintitrés años la misma categoría que a estos cineastas y le contrataron para dirigir, coproducir, escribir e incluso interpretar dos películas.

No es de extrañar que el rodaje, la producción y el estreno de *Ciudadano Kane* (*Citizen Kane*, 1941) atrajeran la atención de la prensa. El primer largometraje sonoro de Welles, comúnmente considerado su ópera prima fílmica, no trataba un tema sencillo, sino que se inspiraba libremente y sin autorización en la vida del millonario y empresario de medios de comunicación William Randolph Hearst, posiblemente uno de los hombres más poderosos de los Estados Unidos en ese momento. Sin embargo, la película no logró seducir a la prensa y el público quedó desconcertado ante el enrevesado lenguaje cinematográfico que Welles planteaba.

El prestigio de *Ciudadano Kane* se fraguó con el tiempo y, sobre todo, gracias a la influencia de los historiadores de cine y de la crítica europea. A pesar del escaso rédito económico, la RKO mantuvo su contrato con Welles, pero los ambiciosos proyectos del director van fracasando en taquilla, como *The Magnificent Ambersons* (1942), o ni siquiera llegan a concluirse, como *Estambul*, que, después de haber iniciado el rodaje, se paraliza y abandona. Sin embargo, durante la década de los cuarenta, el cineasta logra levantar películas importantes como *El extranjero* (*The Stranger*, 1946) y *La dama de Shanghai* (*The Lady from Shanghai*, 1947).

A finales de esa época, Welles filma sus dos primeras adaptaciones cinematográficas de dramas de William Shakespeare: *Macbeth* (1948) y *Othello* (1952). Con la segunda de ellas, rodada en intervalos y de forma caótica durante tres años, logra la Palma de Oro en el Festival de Cannes, pero es rechazada por todas las distribuidoras y exhibidoras de los Estados Unidos, así que Welles tarda varias temporadas en estrenarla en su propio país. Mientras el renombre del director crece entre los círculos intelectuales americanos y la crítica europea, sus películas resultan un fracaso económico y son ignoradas por las grandes empresas de Hollywood.

Gracias al apoyo de Charlton Heston, admirador suyo, Orson Welles volvió a ser convocado para dirigir una gran producción: *Sed de mal* (*Touch of Evil*, 1959). El nuevo proyecto parecía que podría reconducir la carrera del cineasta. Ambientado en la frontera entre Estados Unidos y México, el largometraje se situaba dentro del género del cine negro. Pero su estética demasiado oscura, su ambigüedad moral y el lenguaje barroco de la realización disgustaron a los productores, que filmaron nuevas escenas sin permiso del autor y realizaron un montaje distinto al propuesto por Welles. A pesar de los cambios, o tal vez como consecuencia de los mismos, el resultado en taquilla fue peor de lo esperado.

Lo anterior explica que los empresarios estadounidenses hubieran dejado de confiar en Orson Welles. Nadie discutía su talento, y su lenguaje cinematográfico era alabado en textos académicos. Pero las dificultades de los rodajes y, sobre todo, sus continuos reveses comerciales, habían propiciado que en Hollywood Orson Welles fuese admirado y repudiado con la misma intensidad. Por todo ello, desde el momento en que empezó a gestarse *Chimes at Midnight* el cineasta supo que la única posibilidad que le quedaba para levantar un filme de esa envergadura era el exilio, es decir, rodar en algún país extranjero, como había hecho en Yugoslavia en 1962 con *El proceso* (*The Trial*). Su primera intención era repetir en ese estado eslavo. Por mediación del abogado italiano Massimo Ferrara, un hombre de su confianza, negoció durante 1963 con Ratko Dracevic la financiación y los permisos del rodaje necesarios. Dracevic era un militar que estaba al frente de la productora cinematográfica oficial, Avala Films, creada en 1946. Las conversaciones que mantuvieron él y Ferrara no dieron resultado, por lo que Yugoslavia quedó descartada.

En esos mismos años España se había convertido en el plató secundario de las grandes productoras estadounidenses. El país podía ofrecer diversidad de climas y paisajes y, más importante aún, la posibilidad de contratar a técnicos y otros profesionales competentes por una cantidad económica baja en comparación con Estados Unidos. A su vez, España obtenía con la presencia de estas empresas cinematográficas una valiosa herramienta de propaganda para ofrecer una imagen favorable del régimen de Franco. Si a esto se añade el hecho de que Welles conocía muy bien el país, pues cuando tenía dieciocho años vivió una larga temporada en Sevilla, España se antojaba una gran opción para sacar adelante *Chimes at Midnight*, una vez que Yugoslavia había sido descartada. El cineasta, además, había participado como actor en diversas obras filmadas en el territorio español y en 1961 había dirigido el documental *Viaggio nella terra di Don Chisciotte*, producido por la RAI, que retrataba diversos lugares mencionados en la obra de Cervantes.

Poco antes de que fracasaran las conversaciones entre Massimo Ferrara y Dracevic, entra en escena Espartaco Santoni, un empresario y productor cinematográfico venezolano. En marzo de 1964, conoce a Ferrara en Roma. El italiano no desaprovecha la oportunidad para presentarle el proyecto de Welles. Según relata Riambau, Santoni y su mujer, la célebre actriz española Marujita Díaz, intentaron financiar la película del cineasta probablemente sin saber que Welles jugaba a dos bandas, pues las conversaciones con Dracevic no habían concluido. No obstante, los acuerdos con unos y otros no fructificaron, y en agosto de 1964 Welles se encontró con que debía empezar de nuevo y buscar otro productor[8].

En ese momento, el joven empresario español Emiliano Piedra se interesó por esta adaptación shakespeariana. Piedra había sido socio de Santoni y de Díaz desde 1961, e incluso en su propia productora, Internacional Films Española, fundada en 1962, Santoni figuraba de consejero delegado. Al romperse el acuerdo entre el venezolano y Welles, Piedra se propuso como productor, a través de su compañía. Internacional Films Española sólo había realizado un título muy modesto, *Su alteza la niña* (Mariano Ozores, 1962), y había coproducido el título argentino *La boda* (Lucas Demare, 1963), y otra película menor con varias compañías italianas: *Los brutos en el Oeste* (*I magnifici Brutos del West*, Mario Girolami, 1964). Casi sin experiencia, Emiliano Piedra tenía entre sus manos uno de los proyectos cinematográficos más grandes del que nunca se hubiera hecho cargo un empresario hispano: levantar una película de Orson Welles, rodada y montada íntegramente en España.

---

8   Riambau, Esteve. *Las cosas que hemos visto. Welles y Falstaff*, op. cit. 103.

Las primeras conversaciones entre el director y el productor, según recuerda Juan Cobos, estuvieron presididas por un mutuo entusiasmo. Piedra sabía que trataba con un cineasta único y que se le presentaba una posibilidad que difícilmente se repetiría en su vida. Para Orson Welles el acuerdo suponía rodar y vivir en España, nación por la que tenía una simpatía mayor que por Yugoslavia. Mas los dos sabían que el problema central residía en la complejidad de la obra que deseaban filmar: una adaptación de textos de Shakespeare. El propio director avisó a Piedra de que difícilmente se cubrirían los gastos de producción con los resultados en taquilla. Por ello Welles le ofreció al empresario rodar al mismo tiempo una versión de *La isla del Tesoro* que cosecharía, aseguraba el estadounidense, unos beneficios magníficos. Aunque el productor español realizó algunas gestiones para planificar la segunda propuesta (y Jesús Franco rodó como segunda unidad algunos planos), lo cierto es que Piedra nunca se planteó seriamente abordar los dos proyectos simultáneamente y la adaptación del libro de Robert Louis Stevenson no llegó a concluirse.

El presupuesto inicial de *Chimes at Midnight* fue de 28 millones de pesetas (sólo un tercio de los costes finales reconocidos), una cantidad importante que obligó a Piedra a recurrir a un préstamo del Banco de Madrid, entidad que ya había financiado a otras productoras nacionales y que aceptó embarcarse dado el prestigio del director. Al problema del elevado presupuesto, se añadía una segunda dificultad casi insalvable para conseguir fuentes de financiación: su nacionalidad. El largometraje difícilmente podría ser considerado como español, aun cuando se rodase en España, dada la procedencia variopinta tanto del director, como del equipo técnico y el reparto. Incluso la lengua de la primera copia sería el inglés. Pero conseguir que la administración la clasificase como «española», le permitiría acceder a las ayudas económicas estatales. Dadas estas premisas, la única opción que le quedaba a Piedra era lograr una coproducción con alguna empresa extranjera de forma tal que el filme obtuviese la clasificación de «española en coproducción». La búsqueda de socios foráneos resultó infructuosa y el empresario español tuvo que urdir una estratagema comercial. En Suiza fundó y registró la productora Alpine Films Productions que, aun siendo de su propiedad, era extranjera, lo que le permitía transformar el proyecto en una coproducción hispano-suiza. En resumen, las dos empresas que levantaron la película eran en realidad dos compañías del propio Piedra.

Welles, era gran conocedor de España y sabía que le resultaría fácil encontrar localizaciones para su largometraje. Gran parte de las escenas interiores se rodó en la Colegiata de San Vicente, en Cardona (Barcelona), mientras que los exteriores se filmaron en diversos lugares de Madrid, Navarra o Ávila. En el verano de 1964, Piedra y su «artesanal productora», en palabras de su colaborador Juan Cobos, buscaron el modo de organizar un rodaje que se ajustase a un presupuesto modesto, a pesar de los múltiples exteriores que quería retratar el norteamericano.

Sin embargo, el escollo mayor era encajar las fechas de rodaje con las agendas de los intérpretes principales. Aunque Orson Welles no lograba seducir a los grandes productores estadounidenses para que invirtieran en sus películas, sí contaba con el apoyo y el cariño de muchos actores que aceptaban trabajar rebajando su caché y se amoldaban a las necesidades del director. Así fue como se logró reunir un reparto excelente: además del propio Welles, la película contó con Keith Baxter, John Gielgud, Jeanne Moreau, Margaret Rutherford y los españoles Fernando Rey, José Nieto y Julio Peña.

Para el gobierno franquista este rodaje era una oportunidad fabulosa ya que podría promocionar una película de ese nivel presentándola como española. José María García Escudero, Director General de Cinematografía, había establecido una política de ayudas para fomentar desde el cine una visión más conciliadora y aperturista del régimen franquista. Durante los años de su mandato, se había abierto la mano a jóvenes directores y se toleraron e incluso premiaron películas críticas con el régimen. Se trataba de un nuevo espíritu del que surgieron el Nuevo Cine Español, en Madrid, y la Escuela de Barcelona, en Cataluña.

No menos importante para esta campaña de García Escudero era lograr la llegada de directores y actores de prestigio internacional. Esta política obedecía en parte a la búsqueda de inversión y capital que activasen la propia industria cinematográfica del país, pero sobre todo a la necesidad de la dictadura de Franco de ser aceptada internacionalmente. Las grandes productoras de Hollywood buscaban lugares exóticos y baratos para rodar que ofrecieran una infraestructura estable para la producción y un apoyo institucional pleno. Hacerlo en España satisfacía a la vez dos necesidades: las comerciales de los cineastas estadounidenses y las propagandísticas del régimen franquista. Lógicamente, estas obras nunca pueden ser consideradas como películas españolas, sino como producciones de Hollywood —con sus virtudes y defectos— rodadas en España.

Campanadas a medianoche representa un caso muy distinto a este modelo. Se trataba de un largometraje de capital español promovido por un productor también español. Emiliano Piedra no dejará nunca de mencionar el carácter hispano del filme, pues éste no era simplemente resultado de una gran producción rodada en poco tiempo y en diversos lugares del país, sino que era una película con vocación de obtener la nacionalidad y la clasificación española —o el estatuto de coproducción— y, por tanto, de representar al país en el extranjero, tanto en festivales como en campañas de promoción. En definitiva se trataba de una ocasión única para la propuesta aperturista de José María García Escudero.

El rodaje comenzó el 14 de octubre de 1964 y terminó el 27 de febrero de 1965. Como en casi todas las obras de Welles, el caos del trabajo y el perfeccionismo del director en cada toma causaron retrasos, cambios y reajustes continuos en la planificación previa. Tanto Cobos como Riambau describen hasta qué punto Emiliano Piedra tuvo que ser flexible para lograr que el cineasta americano no arruinase el proyecto. El rodaje, previsto para algo menos de doce semanas, se extendió más de cinco meses, y los 28 millones de pesetas presupuestados aumentaron hasta convertirse en 87 (según los costes oficiales reconocidos por la administración).

Welles compaginó la dirección e interpretación de la película con el montaje del material que iba editando en su propio domicilio, en donde había instalado unas moviolas. Eran largas sesiones de rodaje y de montaje que le permitían visualizar lo rodado y decidir si alguna secuencia no funcionaba, para volver a filmarla. Por otra parte, los reajustes en el guion original y en el plan de rodaje fueron constantes. Por ejemplo, la célebre batalla del filme, considerada una de las cumbres del montaje cinematográfico mundial, revela en gran medida el modo de trabajar del cineasta. Una escena pequeña —que ocupaba algo menos de medio folio en libreto— terminó transformándose en una larga secuencia de casi diez minutos en el corte final. Es precisamente durante la realización de estos cambios, como veremos en el siguiente punto, cuando Antonio Buero Vallejo recibe el encargo de hacer la versión del guion del filme.

El rodaje de *Chimes at Midnight* avanzaba con mucha lentitud. Como ha observado el restaurador Luciano Berriatúa[9], la película está retocada, y por tanto alterada, por múltiples trucajes de laboratorio. Cada modificación suponía un aumento del presupuesto y un reajuste del préstamo concedido por el Banco de Madrid. Emiliano Piedra pretendía enviar una versión acabada al Festival de Venecia de 1965, que comenzó a finales del mes de agosto, pero las autoridades españolas lo impidieron al estar enfrentadas con el certamen. Por otra parte, Piedra, al visionar el material montado, toma conciencia de cuál era el auténtico problema de la producción. Dado el estado en el que se encontraba, llegó a la conclusión de que la copia estándar no estaría lista, al menos en la versión final que deseaba Orson Welles, antes de enero de 1966, lo que supondría tener que renunciar a las ayudas estatales y a los plazos oficiales de entrega. Por ese motivo, el productor exigió al director que presentase una copia para ser estrenada en Barcelona a tiempo de acogerse a las subvenciones institucionales. Por tanto, en los pases que tuvieron lugar a partir del 23 de diciembre de 1965, lo que se proyectó no fue la obra concluida, sino una primera versión exhibida para cumplir con la administración.

El estreno oficial y mundial estaba previsto para el Festival de Cannes de 1966 (5-20 de mayo), donde la película representaría a España. Pero en marzo de 1966 Emiliano Piedra se encuentra arruinado por la multiplicación de días de rodaje, los constantes cambios en el doblaje y la incesante incorporación de trucajes en el proceso de posproducción. No le queda otro remedio que comunicar al Banco de Madrid, su acreedor, que no podrá concluir la obra, por lo que su estreno internacional en Cannes parecía imposible. Como desvela Riambau[10], gracias a la milagrosa intercesión del productor Alfredo Matas, socio y amigo del financiero catalán Jaime Castell Lastortras, que presidía el Banco de Madrid, la entidad bancaria concederá una última ampliación del crédito, decisiva para terminar *Chimes at Midnight*.

---

9 Berriatúa, Luciano. *Las versiones de* Campanadas a medianoche *de Orson Welles*, op. cit.
10 Riambau, Esteve. *Las cosas que hemos visto. Welles y Falstaff*, op. cit. 229.

La premier en Cannes fue menos exitosa de lo esperado. La película había quedado fuera del concurso oficial y, por lo tanto, no tenía posibilidad de llevarse premio alguno. El certamen otorgó a Orson Welles un galardón, pero no por *Chimes at Midnight*, sino como homenaje por toda su carrera. Aunque la Dirección General de Cinematografía española intentó publicitar este premio como un éxito patrio, en modo alguno lo era. Por otra parte, la versión del festival tampoco satisfizo completamente a Welles, que realizó posteriormente nuevas modificaciones puntuales. El filme se fue presentando en distintos países, si bien en ninguno de ellos levantó gran expectación. En marzo de 1967 la película se estrena en los Estados Unidos, pero su impacto es escaso y las críticas más bien negativas, al considerarla una pobre adaptación de textos de William Shakespeare que sólo reflejaba la vanidad de un director e intérprete engreído. *Chimes at Midnight* parecía condenada al fracaso. El proyecto más querido por Orson Welles, aquel que siempre consideró su obra más lograda, era infravalorado por sus conciudadanos. Tendrá que pasar más de una década para que la crítica internacional reconozca el título como una de sus grandes obras, y casi veinte años para que los historiadores del cine español la consideren uno de los mejores filmes rodado nunca en el país.

3. *Campanas a medianoche*, LA VERSIÓN DE BUERO VALLEJO

Antonio Buero Vallejo escribía en 1961: «Este año, ninguna obra nueva. Pero estrené en Barcelona y otros puntos de España *Las Meninas*, que hace el número doce de las estrenadas. Y en Madrid una versión de *Hamlet*, que es mi primera traducción de las pocas que probablemente haré»[11]. En este momento Welles, que aún no se había instalado en España, había estrenado meses antes en Irlanda la versión teatral de *Chimes at Midnight*. La pieza, en la que el cineasta interpretaba a Falstaff, tuvo un recorrido muy corto, sin la gira internacional que estaba prevista, pero indudablemente se trata del germen del filme, que se convierte en una obsesión para el director.

---

11   Buero Vallejo, Antonio. «El teatro en 1961». En: Buero Vallejo, Antonio. *Obra completa II. Poesía, narrativa, ensayo y artículos*. Madrid: Espasa Calpe, 1994. 681.

Mientras Welles idea la manera de trasladar su obra de teatro al cine, Antonio Buero Vallejo, lo acabamos de ver, trabaja en una versión de *Hamlet*, que se estrenará en Madrid el 15 de diciembre de 1961. Poco se conoce de las circunstancias que rodean este proyecto. Sí se sabe, como atestigua el protagonista, que se trataba de su primera gran traducción. Y, en efecto, no será la última, pues le seguirá una versión de *Madre coraje y sus hijos*, de Bertold Brecht, estrenada en 1966 pero que había concluido también en 1961 –forzosamente después de su *Hamlet*–, y otra de *El pato silvestre*, de Henrik Ibsen, representada por vez primera en el madrileño teatro María Guerrero el 26 de enero de 1982. La traducción y puesta en escena de la obra de Shakespeare fueron un gran éxito en el que intervinieron primeras figuras de la dramaturgia española, como el director teatral José Tamayo, el actor Adolfo Marsillach, dando vida a Hamlet, o el compositor Cristóbal Halffter.

En la crítica del estreno que publicó el diario madrileño *ABC* se leía lo siguiente: «grandes ovaciones interrumpieron parlamentos y escenas, subrayaron mutis, cerraron el fin de los cuadros y al terminar la obra reclamaron la presencia del adaptador y del director, que saludaron con los intérpretes, mientras el telón se alzaba muchas veces»[12]. Más interesante para lo que nos ocupa son las líneas que cierran la crítica, en las que su autor, el también escritor Alfredo Marqueríe, se expresa así respecto a la labor de Buero Vallejo:

> Lo que nos importa decir de esta versión de Buero son dos cosas: que ha eliminado accidentes y ha conservado íntegramente sustancias, y que diálogos y monólogos «suenan» a Shakespeare, es decir, que tienen belleza y grandeza formal –incluso endecasílabos libres– y también el sarcasmo burlesco que el genial autor quiso poner en el curso de su obra. Añadiríamos incluso algo –y no baladí–. Esta tragedia, que suele resultar confusa por muchos detalles, incluso por la compleja psicología del príncipe, a medias simulador y a medias loco de veras, en la discriminación literaria y teatral de Buero resulta clara, recta, va derecha al objetivo y es comprensible y conmovedora para todos. Con eso queda consignada nuestra mejor alabanza[13].

---

12 Marqueríe, Alfredo. «En el Español se estrenó una versión de *Hamlet*, de Shakespeare, de Buero Vallejo». Diario ABC, 16 diciembre 1961. 81.
13 Ibidem.

Es decir, el mérito del dramaturgo español se debía tanto al «ajuste» hecho sobre el texto original, una intervención capaz de arrojar claridad allí donde en el libreto de partida había cierta confusión, como al propio trabajo de traducción, que había dado como resultado un castellano que «sonaba» a Shakespeare. Conviene detenerse en este último aspecto. Lo que Buero había producido no era una conversión de la lengua inglesa de principios del siglo XVII al español de los años sesenta del siglo XX, sino que había creado un castellano que, sin dejar de ser el que se empleaba hace cincuenta años, ofrecía resonancias del inglés de Shakespeare. Esto era sin duda una de las grandes aportaciones de la nueva versión. Cabría añadir otra que resulta igualmente significativa. En la «Nota preliminar» que en la edición publicada antecede al texto de la tragedia, Buero ofrece pistas que permiten reconstruir el proceso de gestación de su traducción, esto es, el diálogo que entabló con la obra de Shakespeare. Allí encontramos a un dramaturgo que no tiene reparos en enfrentarse a las lecturas canónicas y tradicionales de *Hamlet*, las que habían hecho de este personaje un héroe romántico:

> desde los románticos, se viene diciendo que Hamlet es un alma noble, sentimental y reflexiva sin ímpetu vital alguno. Pero el drama pinta a un hombre mucho más complejo y, al tiempo, más sencillo. Un ser presto a actuar sin escrúpulos morales y con brutal rapidez cuando se le enciende la sangre. [...] Él es, como Segismundo, «un compuesto de hombre y fiera». También se ha discutido la ligereza culpable que hemos querido apuntar en Ofelia, a la que los románticos se empeñaron en considerar pura y dulce con arreglo a uno de su más caros patrones literarios de heroína femenina.[14]

Acostumbrado como estaba a un Hamlet romántico, el público que asistió a las representaciones de la versión de Buero Vallejo se encontró con un personaje desconocido, más sentimental y colérico y, sin duda alguna, sorprendentemente interesante. Este hecho, unido a un castellano de una calidad literaria indiscutible, fueron dos de los ingredientes que propiciaron el éxito de esta adaptación teatral –no exento de cierta polémica por el excesivo racionalismo y frialdad del protagonista–, la cual permitió al dramaturgo sumergirse en el universo de Shakespeare, con sus personajes, sus temas y su lengua. Hasta ese momento el escritor

---

14 Buero Vallejo, Antonio. «Nota preliminar». En: Shakespeare, William. *Hamlet. Príncipe de Dinamarca* (trad. Antonio Buero Vallejo). Madrid: Alfil, 1962. 15-16.

inglés no había sido una de las grandes referencias teatrales de Buero Vallejo, quien se sentía más próximo a Calderón de la Barca, Ibsen, Brecht o a un coetáneo suyo como Arthur Miller. Bien es cierto que el dramaturgo dejó escrito que «yo he tenido siempre la costumbre, no de compararme, pero sí de enfrentarme con Sófocles o Shakespeare»[15]. Sin embargo, las referencias que hay a este último en sus escritos, ya sean teatrales o ensayísticos, o incluso en entrevistas y otras intervenciones públicas, son muy escasas, al contrario de lo que sucede con los otros autores mencionados. Buero tiene, además, estudios dedicados al teatro de García Lorca o Valle Inclán, pero sobre Shakespeare escribió muy poco, tal vez porque su visión de lo trágico no coincidía con la del inglés. Por seguir con el mismo ejemplo, poco tiene que ver Hamlet, en la lectura anti-romántica que de él hace Buero, con los protagonistas de sus tragedias, con el Ignacio de *En la ardiente oscuridad*, el Tomás de *La fundación*, el Velázquez de *Las Meninas* o el Esquilache de *Un soñador para un pueblo*, por mencionar unos cuantos, seres trágicos pero más racionales, reflexivos y, sobre todo, esperanzados. No es éste el lugar para emprender una comparación entre los protagonistas de uno y otro, pero no cabe duda de que pese a lo próximas o distantes que se hallen las concepciones que sobre la tragedia tenían ambos dramaturgos, la traducción y adaptación de *Hamlet* no fue un trabajo insignificante para Buero Vallejo; más bien fue la excusa que le permitió empaparse del mundo textual shakespeariano.

Así pues, la versión de Buero Vallejo de *Hamlet* triunfó en Madrid. Ya por entonces, 1961, el dramaturgo era uno de los autores teatrales más reputados en España. Aquel éxito significaba, pues, que su labor de traductor y adaptador no desmerecía la más célebre, la de escritor. Este hecho debió de pesar mucho cuatro años después a la hora de hallar a un autor que se encargase de ofrecer una versión de los diálogos de *Chimes at Midnight*. Buero, afamado y aclamado dramaturgo, contaba ya en 1965 con diversos premios que reconocían la calidad literaria de sus obras, como el Lope de Vega que le fue otorgado en 1949 por *Historia de una escalera*. A esas alturas, y a pesar de que su carrera era aún corta, había escrito y estrenado quince obras de la talla de *En la ardiente oscuridad, Madrugada, Un soñador para un pueblo* o *El concierto de San Ovidio*, además de la mencionada *Historia de una es-*

---

15 Buero Vallejo, Antonio. «En torno a mi teatro». En: Buero Vallejo, Antonio. *Obra completa II. Poesía, narrativa, ensayo y artículos*, op. cit. 494.

calera, la que le abrió las puertas del mundo literario de la España franquista. En pocas palabras, y si se nos permite la expresión, Buero ya era Buero cuando recibió la propuesta de hacer una versión de los diálogos de la película de Welles. Por si esto no era suficiente, el dramaturgo, como venimos diciendo, había demostrado su capacidad para manejar, traducir y adaptar los textos de Shakespeare, que eran, no se olvide, la materia prima de *Chimes at Midnight*.

Hay un tercer elemento que se suma a los dos anteriores. En las décadas precedentes Buero Vallejo había tenido varias experiencias relacionadas con el cine. Carlos Buero ha desvelado[16] la existencia de un guion cinematográfico redactado por el dramaturgo y dos amigos escritores, Romillo Fernández y Pérez Sánchez. Aunque sólo se conservan unos fragmentos, sabemos que su título provisional era *Si yo volviera a nacer*. Meses después, los tres colaboraron juntos en la adaptación cinematográfica de *Historia de una escalera* (Ignacio F. Iquino, 1950), firmando su guion. Ignoramos en qué consistió exactamente la participación de cada uno en este proyecto. De lo que queda constancia es de que Buero Vallejo conocía bien el lenguaje cinematográfico, no sólo como un simple espectador.

El resultado de la primera de las adaptaciones de sus obras disgustó profundamente al escritor. Iquino alteró el final de *Historia de una escalera* y aligeró la carga de fatalidad que arrastran los personajes, a los que el destino frustra una y otra vez sus esperanzas, que sin embargo reviven en cada generación. La conclusión de la película es, por el contrario, casi idílica[17], con una imagen de la pareja protagonista escapando de la corrala donde se ubica la escalera que da título a la obra. Esta fuga es completamente contraria y opuesta al espíritu trágico, sin dejar de ser esperanzado, del libreto original. Escarmentado por este primer contacto con el cine, Buero Vallejo puso mucho cuidado en que las siguientes adaptaciones fuesen más fieles al espíritu de los textos de partida.

Por ello, cuando el director Daniel Tinayre propuso en 1956 llevar al cine *En la ardiente oscuridad*, el dramaturgo pidió que se le informase

---

16   Buero, Carlos. «Los manuscritos de Antonio Buero Vallejo». En: *Monteagudo. Revista de Literatura Española, Hispanoamericana y Teoría de la Literatura*. 21. 2016. 153-171.
17   Massó, Jordi y Deltell, Luis. «El símbolo perdido. Estética y pensamiento en las adaptaciones cinematográficas de obras de Antonio Buero Vallejo», op. cit. 220.

del proceso de redacción del guion. Los avatares de esta producción cinematográfica no pueden ser aquí relatados en toda su extensión[18], por lo que nos limitaremos a señalar que el resultado fue, de nuevo, frustrante para el escritor. Tinayre alteró contra la voluntad del dramaturgo el final: en la película, titulada *Luz en la sombra*, Ignacio no muere, se queda en la institución, obligando a Carlos a abandonarla. Es ésta una de las muchas modificaciones que Tinayre y el guionista, Eduardo Borrás (que fue el verdadero promotor del filme), habían hecho en la obra. Desde Argentina, Borrás mantuvo una fluida correspondencia con Buero Vallejo, por el que sentía un profundo respeto, mientras se preparaba el guion. El dramaturgo accedió a responder a todas sus consultas y fue así como se enteró de algunos de los cambios que los responsables del filme estaban preparando. El autor español, decepcionado e indignado con el resultado de la película, llegó a acudir a la Sección de Cinematografía de la Sociedad General de Autores de España (SGAE) para que demandaran a la empresa argentina, a la cual se le impidió usar el título original *En la ardiente oscuridad* para la exhibición en España del filme.

Lo anterior no pasaría de ser algo anecdótico, aunque de difícil asimilación para el escritor, si no fuera por el hecho de que en el interesante carteo con Borrás, Buero Vallejo demostró ser un excelente conocedor del lenguaje cinematográfico. Antes de sufrir de nuevo por una adaptación decepcionante, el dramaturgo optó por ofrecer toda clase de sugerencias al guionista para que la película se atuviese al espíritu del original, llegando incluso a reescribir algunas escenas, haciendo gala de su capacidad para la planificación cinematográfica, sugiriendo encuadres, tamaños de plano, la puesta en escena e, incluso, acotaciones para el montaje final:

> La cámara va de unos a otros y recoge sumariamente la reconciliación de Miguelín y Elisa, el llanto de otros y, si procede, el respiro de otros profesores en alguna frase. Luego enfoca la puerta, por donde entra Carlos. La cámara puede jugar aquí hasta el final con mucha eficacia: ahora puede tomar a Carlos de espalda y seguirle en su marcha hasta el muerto bajo la mirada de Dª Pepita. La cara de ésta acusa su permanente sospecha. Juana siente a Carlos, se levanta: «¡Carlos!». Se echa en sus brazos y él la recibe con una desencantada expresión. Alguna frialdad nota ella: se desprende. Él va

---

18   Véase Ibidem.

entonces, lento, a recostarse contra el ventanal y ella queda palpando el aire, como perdida en su mundo, que ya no tiene a ninguno de los dos. Al fin, vuelve a caer de rodillas. Plano medio de Carlos. Respira agitadamente. Dª Pepita, muy inquieta, entra en cuadro. – «Carlos...» –(Una pausa). Llame a la policía. –¡Carlos! –¡Llámela! Fui yo. Aún no sé si quería salvar el Instituto o si quería salvar a Juana... No es fácil conocer la verdad... Pero una cosa sé. Una cosa sé... para siempre. Que no he vencido. ¡Vamos! ¡Vaya a telefonear! ¡Y pronto! Dª Pepita se va. La cámara sube y encuadra las estrellas. La cara de Carlos en gran primer plano, denunciando el recuerdo y la verdad de las palabras de Ignacio. Al fin no puede más y se vuelve contra los cristales con las manos crispadas. Contracampo: desde fuera, la cara crispada. La cámara retrocede subiendo y entran en cuadro, lejos, Juana de rodillas y el muerto... FIN.

(Otra variante: Juana va a su lado y él le dice que quizá pase algo y que le espere. Pero a mi juicio es peor)[19].

Por lo tanto, en 1965 Buero Vallejo había cosechado un bagaje de experiencias variopintas, algunas gratas y otras no tanto, que habían hecho de él no sólo un excelente dramaturgo sino, además, un gran conocedor de Shakespeare, un traductor más que competente y un autor con una lúcida visión cinematográfica, que desgraciadamente no se había materializado en ninguna película lograda. Emiliano Piedra no necesitaba más argumentos para contar con él para la versión de los diálogos de *Chimes at Midnight*.

Es más que probable que Welles nunca hubiese oído hablar de Buero Vallejo antes del rodaje. Tampoco parece seguro que ambas figuras llegaran a reunirse para tratar este proyecto. No obstante, el cineasta se había cuidado mucho de pedir, si es que no exigir, a los productores que contasen con autores solventes para hacerse cargo de la traducción y adaptación de los diálogos originales, en inglés, a otras lenguas y, muy especialmente, al castellano. Eso explica no sólo la intervención de Buero Vallejo, sino también la de quien se encargó de los subtítulos en francés para la copia de la película que se proyectó en Cannes: Jean Sendy. Éste, además de ser autor de una vasta producción propia, había traducido del ruso y del inglés a un buen número de escritores, como Raymond Chandler. Como puede comprobarse, Welles no quería dejar nada al azar, y si en la versión original los espectadores podían escuchar los

---

19   Carta de Antonio Buero Vallejo a Eduardo Borrás, 05-04-1957.

textos de Shakespeare, en las versiones dobladas o subtituladas, la calidad literaria de los diálogos debería acercase lo más posible a aquéllos. Tarea sumamente difícil, pero que al menos en los diálogos españoles contaba con una garantía de éxito: Antonio Buero Vallejo.

Emiliano Piedra, como vimos, se había entusiasmado con *Chimes at Midnight* desde que conoció a Orson Welles en Italia. El productor quería lograr un resultado del máximo nivel, y aunque el director norteamericano rodara y montase atendiendo al libreto en lengua inglesa, el empresario sabía que para triunfar en España (y Latinoamérica) la película debía ser traducida y doblada al castellano de forma rigurosa, elegante y bella. No bastaba un doblaje al uso, sino que era necesario que se concibiera una versión propia que estuviese a la altura del guion original en inglés.

A finales de febrero cuando el rodaje ya estaba casi concluido, Emiliano Piedra y Gustavo Quintana, colaborador en Internacional Films Española visitaron a Antonio Buero Vallejo para ofrecerle el encargo. No se trataba de una traducción más; si así fuera, habría bastado con recurrir al texto en castellano que se había entregado previamente a la Junta de Clasificación y Censura. Lo que se buscaba era una versión literaria y de extraordinaria calidad. De hecho, se esperaba nada más y nada menos que el autor pudiese plasmar en el texto en castellano «el sabor de la Picaresca y el Siglo de Oro»[20]. Hasta tal punto Emiliano Piedra estaba convencido de la relevancia de la empresa que propuso que en los títulos de crédito de la película Buero Vallejo firmase como el responsable de los «diálogos», algo insólito en el cine. Nunca antes el adaptador o traductor había tenido tanta importancia y tanta relevancia en un proyecto en España.

Poco se sabe del encuentro que tuvieron a finales de febrero de 1965 Quintana, Piedra y Buero Vallejo. Sí se conserva, en cambio, un documento fechado un mes después, el 8 de marzo, firmado por el dramaturgo y que hace las veces de contrato oficial. Allí se estipula que el autor cobrará 200.000 pesetas por «la traducción y adaptación de diálogos de la versión inglesa del guion original de Orson Welles». Además de lo anterior, en ese texto puede leerse que en aquella fecha

---

20 Carta de Buero Vallejo a la Sección de Cinematografía de la Sociedad General de Autores de España, 06-11-1965.

el autor ya había recibido las primeras 60.000 pesetas, y que en treinta días la productora debía abonarle otras 60.000. El último pago, de 80.000 pesetas, se realizaría tras la entrega del trabajo concluido. Este documento está firmado por el escritor y el mismo Emiliano Piedra en representación de su empresa[21].

Como se recordará, es precisamente en estos mismos momentos cuando el productor se encuentra negociando con el Banco de Madrid la nueva ampliación de crédito. La cantidad, 200.000 pesetas, y las excelentes condiciones de pago que le ofrecían a Buero Vallejo, demuestran hasta qué punto Emiliano Piedra consideraba que se trataba de un trabajo relevante para el resultado final. Según escribe Juan Cobos, él mismo (en nombre de la productora) le entregó al dramaturgo el guion original y una versión ya traducida, posiblemente la misma que se había depositado en la Junta de Clasificación y Censura en octubre de 1964 y que firmaban el propio cineasta y Paulino Rodrigo Díez, sin que se conozca quién fue su verdadero autor. El cotejo de esta última versión con *Campanas a medianoche* revela que desde el punto de vista estructural y argumental son casi idénticas, si bien el castellano de cada una es distinto: sólo el de Buero «suena» al Siglo de Oro de la literatura española. El libreto firmado por Paulino Rodrigo Díez y Welles es cuidado y culto, pero no deja de usar el castellano contemporáneo al espectador de la década de los años sesenta, aunque, eso sí, tenga un cierto sabor añejo.

Durante las siguientes semanas un empleado de Internacional Films Española fue comunicando al dramaturgo los cambios oportunos que éste debía hacer en su versión para ajustarse a las modificaciones que Welles iba efectuando en la sala de montaje o que había realizado previamente en el rodaje. Varias páginas del ejemplar de *Campanas a medianoche* que se conserva tienen añadidos al margen escritos a mano por el propio Buero Vallejo, lo que da una idea de algunas de esas rectificaciones que tuvo que introducir (ver figura 2).

A finales de abril, el escritor entregó la versión definitiva a la productora, titulada *Campanas a medianoche* y no *Campanadas a medianoche*. El dramaturgo explicó en las «Advertencias generales» que existía una comedia francesa de André Obey estrenada en España en 1962 y emitida por Televisión Española «poco antes» cuyo título era *Las campanas de*

---

[21] Buero Vallejo, recibí de 8 de marzo de 1965.

medianoche, muy similar al que los productores le habían dado a la película de Welles. El guion presentado a la censura un año antes llevaba por título *Campanadas a medianoche*. Ya que la coincidencia era evidente, Buero Vallejo pregunta a los productores si no sería aconsejable cambiar por completo el título de la película. No conocemos la respuesta, pero el dramaturgo modifica el original de *Campanadas a medianoche* por el de *Campanas a medianoche*, a su juicio «menos feo y largo». Esta elección, curiosamente, da un título casi idéntico al de la obra de Obey, por lo que parece que prima el criterio de elegancia literaria sobre la coincidencia que el mismo Buero Vallejo había detectado. Se guarda constancia del recibí de la última retribución, fechado el día 24 de abril de 1965, en el que se daba por concluido y pagado el trabajo. Así pues, el dramaturgo había cumplido con el encargo, aunque quedaba a la espera de que la productora le convocase para colaborar en las sesiones de doblaje, para ajustar y corregir si fuera preciso el texto de su versión según las dificultades que pudiesen surgir en la posproducción.

Esa llamada nunca se produjo. La siguiente comunicación llega en el mes de septiembre. Según relata el dramaturgo, Piedra le telefonea para darle cuenta de ciertos problemas que están teniendo con su versión en el doblaje. Lo más significativo de esta conversación es que el productor deja caer la idea de que la calidad literaria del texto puede ser paradójicamente un inconveniente. Conseguir aquello que le habían demandado –ser fiel al texto original, que combina verso y prosa, y dar con un castellano parecido «al de la Picaresca»–, se había vuelto en su contra:

> Me llamó [Piedra] por teléfono para decirme que estaban efectuando pruebas, que las partes en verso no eran fáciles de doblar y que podían resultar además poco adecuadas para los grandes públicos, «con los que había que contar, y no sólo con los de la Gran Vía». Sugería que deberían ponerse en prosa también, criterio que no compartí pero tras el que supuse el temor de que la película no fuese «comercial» y el deseo tardío de vulgarizarla en el doblaje al menos, ya que el trabajo de Mr. Welles no era modificable[22].

En octubre, Gustavo Quintana invitó directamente a Buero Vallejo a asistir a un pase de la película, ya completamente doblada y supuestamente terminada. La copia que contempló el dramaturgo era la de

---

22   Carta de Buero Vallejo a la Sección Cinematografía de la S.G.A.E., 06-11-1965.

la primera versión, la más incompleta de todas las conservadas. En los títulos de crédito, como le había prometido Emiliano Piedra, Buero Vallejo firmaba los «diálogos». Gracias al restaurador Luciano Berriatúa se conserva este primer montaje con el fotograma donde aparece el nombre del dramaturgo (Figura 1). Tras el pase, profundamente disgustado con el texto, Buero Vallejo escribe a Gustavo Quintana y a la productora para indicar que no siente como suyo el trabajo de doblaje realizado:

> Las numerosas modificaciones y cortes que el texto inglés que se me confió ha venido teniendo y que se reflejan en la película definitiva; los retrasos, dificultades y demás problemas que esa Productora ha tenido al parecer que sufrir para llevar a cabo el doblaje; los apremios de tiempo que a última hora les han debido de aconsejar el terminarlo lo antes posible, les han puesto a Vds., por lo que puedo juzgar después de ver la proyección de ayer, en la necesidad de utilizar con entera libertad los diálogos en español que me encargaron para dicha película, modificándolos y cambiándolos en gran medida por otro texto sin que para tales modificaciones yo haya intervenido ni haya sido consultado en su momento, pese a que Vds. me indicaron que se me avisaría para asistir y colaborar en la realización del doblaje[23].

El escritor pensaba que su versión había sido deformada hasta lo irreconocible y, por ello, solicitaba que su nombre no apareciera en los títulos de crédito del largometraje ni en ninguna campaña publicitaria posterior. Buero Vallejo escribe:

> Hacer figurar, pues, mi nombre como autor de los diálogos, no sólo es negativo para mí; opino que también lo sería para ustedes y para la película. El público tolera con facilidad errores más o menos grandes y chicos en los diálogos de una película cuando no se le dice que han sido escritos por una firma prestigiosa. Pero, en caso contrario, los considera como graves defectos que rebajan el mérito de la película entera[24].

El dramaturgo no recibió respuesta ni de Gustavo Quintana, ni de Juan Cobos, ni del propio Emiliano Piedra (o al menos no se conserva ninguna documentación que acredite esa posible contestación). Ante

---

23 Carta de Buero Vallejo a Gustavo Quintana, 09-10-1965.
24 Ibidem.

su indefensión legal, decidió volver a acudir a la Sección de Cinematografía de la Sociedad General de Autores de España, como había hecho con el amargo incidente de la película de Tynaire. Así, Buero Vallejo redactó el 6 de noviembre de 1965 una carta para solicitar la ayuda e intercesión de la SGAE ante la productora respecto a su demanda. Pocos días después Jiménez Quesada, asesor jurídico de la sociedad de autores, escribió en nombre del escritor y de la entidad de gestión a Internacional Films Española para que dicha empresa tuviese a bien retirar de los títulos el nombre del dramaturgo.

El 24 de noviembre de 1965, Emiliano Piedra mandó una breve carta al autor para comunicarle, con «profundo disgusto», que «he dado orden de que tu nombre sea excluido en la lista de los títulos y propaganda de la película *Campanadas a Medianoche*»[25]. A partir de ese día, ninguna de las copias que se positiven del largometraje ni los carteles ni los afiches impresos conservarán el nombre de Antonio Buero Vallejo.

4. Análisis de *Campanas a medianoche*

Que Buero Vallejo fuese, al menos sobre el papel, el candidato ideal para hacerse cargo de la propuesta de Piedra no significaba que este proyecto se presentara como algo sencillo. De entrada, y dejando al margen el tiempo tan escaso del que disponía, el dramaturgo nunca se había enfrentado con un reto similar. Lo que le pedían no era una mera traducción, para lo cual podría haber recurrido a un castellano más familiar y menos extraño que el que se le exigía y que tenía que sonar a la «Picaresca y el Siglo de Oro». Tampoco se trataba de una adaptación de una obra de Shakespeare, en cuyo caso podría «hacerla suya», como hizo de un modo muy celebrado con *Hamlet*. Ahora tenía que atenerse a los diálogos que le proporcionaban los productores, sin poder añadir ni quitar nada, y ajustándose escrupulosamente a las normas del doblaje. Y como no estaba ante un guion cinematográfico propiamente dicho, sino ante los diálogos empleados ya en el rodaje, de poco servían los conocimientos que tenía Buero Vallejo del lenguaje fílmico. En pocas palabras, *Campanas a medianoche* era un encargo sin parangón dentro de la obra del

---

25   Carta de Emiliano Piedra a Buero Vallejo, 24-11-1965.

dramaturgo, lo que hace de este texto un escrito de una absoluta originalidad, motivo por el cual su análisis es sumamente complejo.

No obstante, dos son los puntos sobre los que podemos extendernos más siguiendo el propósito de introducir el texto que el lector tiene en sus manos. El primero de ellos tiene que ver con su proceso de gestación. No hay duda de que un estudio filológico de *Campanas a medianoche* que lo ponga en relación con otras obras de Buero Vallejo, empezando por su versión de *Hamlet*, resulta del todo pertinente. Tal análisis podría comenzar por la lectura detenida de las «Advertencias generales» que anteceden el texto de *Campanas a medianoche*. Es allí donde se revela que para verter al castellano las partes versificadas del original, que según François Thomas representaban tan sólo el 34% de los diálogos de la película[26], el dramaturgo optó por emplear versos «endecasílabos incompletos», en vez de la opción más sencilla de traducir en prosa o en verso libre, o hasta empleando endecasílabos blancos, como han hecho algunos traductores de Shakespeare. Esta elección podía suponer una dificultad para la correcta interpretación por parte de los actores de doblaje que Buero Vallejo tuvo en cuenta, como certifica el prolegómeno:

> Las partes en verso del original se atienen al texto de Shakespeare y están formadas en general –salvo excepciones de 9, 11 y 12 sílabas fonéticas que también se han tenido en cuenta– por versos de 10 sílabas con acento al final, o sea equivalentes por sus acentos a endecasílabos castellanos incompletos. Cuando se ha podido, se han trasladado como tales endecasílabos incompletos con acento final; pero muchos de ellos van traducidos en endecasílabos completos, único modo de que en castellano conserven algún aire poético. Los dobladores deberán por consiguiente en esos casos incluir una sílaba más al final del verso aprovechando el movimiento final.

Como puede apreciarse, el texto final se adaptaba a las necesidades técnicas del doblaje, un condicionante más a añadir a los muchos que tenía el encargo que recibió Buero Vallejo y que, por cierto, se vio sometido durante su elaboración a toda clase de modificaciones y cambios presurosos. Ya comentamos cómo Juan Cobos, según él mismo relató,

---

26 Thomas, François. «Orson Welles et le remodelage du texte shakespearien». En: Dorval, Patricia (ed.). *Shakespeare et le cinema*. París, Société Française Shakespeare, 1998. 173.

fue quien entregó el «guion original» al dramaturgo. El entrecomillado obedece a que cuando Buero Vallejo tuvo entre sus manos ese texto, en febrero de 1965, la película cumplía su tercer mes desde el inicio del rodaje y el proyecto había sufrido múltiples avatares.

Por lo tanto, la única indicación de la que disponía el escritor era la de que debía conseguir para su versión un español «de la Picaresca», con un margen de libertad sobre el texto de partida bastante escaso. No había lugar, pues, a repetir lo hecho en su adaptación de *Hamlet* o en la de *El pato silvestre*: decantarse por la fidelidad al sentido del original en detrimento de la literalidad. A pesar de este condicionante, el resultado es delicado y cuidadoso. Al igual que hizo en su versión de *Hamlet*, Buero Vallejo se esfuerza en trasladar al castellano los juegos de palabras del inglés. El resultado es un lenguaje culto, con términos y expresiones arcaicos pero comprensibles para el público coetáneo al autor. Sin duda, *Campanas a medianoche* «suena» a la Picaresca. El dramaturgo español tiene en cuenta, como se señaló, la difícil labor de los actores de doblaje, por lo que en muchas ocasiones introduce una variante para una o varias palabras.

> De tarde en tarde, detrás de frases o palabras ajustadas lo mejor posible, se pone entre paréntesis una frase o palabra preferible pero menos ajustada. Si la imagen lo permite, por lejanía, voz en «off», personaje de espaldas, etc., los dobladores deberán optar por la frase o palabra entre paréntesis.

Llegamos así a una de las cuestiones capitales: ¿en qué difiere el texto de Buero Vallejo del libreto de la película? ¿Qué se va a encontrar el lector que no aparezca en el filme? De entrada, hay que señalar que no son muchas las diferencias en los acontecimientos narrados. A decir verdad, la estructura y el argumento de las dos obras son fundamentalmente los mismos. No obstante, debe tenerse en cuenta que el original que el dramaturgo tuvo entre sus manos no era sino una de las primeras versiones del guion. De ahí que el texto que presentamos posea además un valor historiográfico notable, pues permite reconstruir algunas escenas y fragmentos del filme que en algún momento del rodaje o del montaje fueron descartados por Orson Welles.

Así, lo más significativo son las tres escenas inéditas que contiene *Campanas a medianoche*, también presentes en el guion enviado a la

Junta de Clasificación y Censura. La primera de ellas (escena 2, aquí p. 15) recoge una reunión de nobles ingleses que sigue a la muerte de Ricardo II. Ante «una asamblea de caballeros y barones» el obispo Carlyle denuncia que el monarca ha sido asesinado y acusa directamente a Bolingbroke, futuro Enrique IV, originándose una discusión con Westmorland que concluye con el arresto del clérigo. Tras esto aparece «una extraña procesión de soldados que lleva un ataúd abierto». Al frente de esta comitiva que porta el cadáver de Ricardo II, se halla otro noble, Exton, la mano ejecutora del crimen. Es interesante constatar cómo en la versión de Buero, Bolingbroke, que ordenó la ejecución de su rival, teme las consecuencias de «algo tan vil que manchará / a mi persona y a la fama inglesa», abundando en el elemento profético y en el del destino trágico, temas recurrentes en esta obra de Shakespeare. En esta misma escena, Carlyle vaticina que a causa del crimen «El pueblo inglés se colmará de horror / Y vuestros herederos gemirán; / Desorden, sangre, miedo y fetidez / Tendréis, y el campo inglés se llamará / Campo del Gólgota y de las calaveras...».

Orson Welles filmó esta escena[27] aunque con diversas modificaciones, como se deduce del análisis del fotograma que se conserva de este fragmento. Sin embargo, en algún momento del montaje, el director decidió eliminar completamente este bloque del corte final. En él, los soldados que portan el ataúd han sido sustituidos por una procesión de frailes encabezada, aparentemente, por el obispo Carlyle. Sea como fuere, de este pasaje no queda huella alguna en ninguna de las versiones conocidas, que se ven así desposeídas de un episodio que sí recoge *Campanas a medianoche* y que guarda una estrecha relación con otra de las escenas eliminadas. Se trata de la número 20 (aquí p. 100). Según vemos, en los arrabales de la ciudad se han colocado el patíbulo y las horcas con reos ejecutados, un paisaje atroz que también aparece en la película, bajo los títulos de crédito. La profecía del clérigo se ha cumplido e Inglaterra es un campo de sangre. Buero lo describe con suma crudeza: «En un alto patíbulo ensangrentado, el tajo del verdugo... Al fondo se ven, asimismo, horcas cargadas...».

Los fotogramas de los títulos de crédito certifican que la secuencia también fue rodada, aunque es imposible saber si en su totalidad o con alteraciones, ya que no se conservan más que las imágenes de arranque

---

27 Riambau, Esteve. *Las cosas que hemos visto. Welles y Falstaff,* op. cit. 151.

del filme. Visualmente, la imagen de las horcas es muy poderosa, pero el contenido de la acción es poco relevante: una discusión entre Falstaff y la señora Yesca, a la que se suma el lord juez Mayor. Quizás esta intrascendencia argumentativa explica el descarte de este pasaje pese a que, como acabamos de ver, posee aspectos estéticos interesantes.

Menos relevante es la última de las tres escenas, la numerada como la 13. En este fragmento Antonio Buero Vallejo escribió a mano y marcado con una larga línea «¿Se quita?». Se puede deducir que fue una de las secuencias que el productor Quintana o el asistente Cobos indicaron al autor que no se habían filmado o que no se montarían en la versión final. La acción es la siguiente: Blunt se presenta en el campamento rebelde para ofrecer perdón a los sublevados. Worcester y Espuela lo rechazan. Este pasaje aparece en la primera parte del *Enrique IV* de Shakespeare y precede al diálogo que mantienen en el campamento real Worcester, Enrique IV y el príncipe Hal, quien se muestra dispuesto a enfrentarse «en singular combate» con Enrique Percy para dirimir la disputa y evitar el choque entre los dos ejércitos.

Como puede comprobarse, la inclusión de estas tres escenas en *Campanas a medianoche* trasciende lo anecdótico para convertirse en una valiosa fuente de información sobre las vicisitudes del rodaje y del proceso de montaje de esta película. En cierto sentido, el texto de Buero Vallejo permite imaginar las decisiones que Welles fue tomando respecto a su largometraje, de los añadidos y de las supresiones. Siendo como es *Campanas a medianoche* un escrito muy próximo a las acciones y los acontecimientos del filme, presenta, sin embargo, numerosas variaciones que permiten considerarlo un texto autónomo. El castellano de la versión del dramaturgo no es el mismo que el que se empleó finalmente en *Campanadas a medianoche*. Los diálogos de Buero Vallejo muestran una rotundidad y elegancia que rara vez alcanzan los del doblaje que finalmente se produjo. Algunos de los monólogos escritos por el dramaturgo español, en especial, los de el rey en la escena 11 y el final del ya coronado Enrique V, deben ser considerados entre las mejores versiones en castellano de los textos de Shakespeare.

Además de las escenas inéditas consignadas, el lector que tenga interés en localizar diferencias[28] hallará en el libro que tiene entre sus

---

28   Un ejercicio que intentamos llevar a cabo en el mencionado artículo «Campanas a

manos diálogos inexistentes en la película o pasajes más extensos que en el filme. Existen también cambios de palabras y de nombres de personajes. Además, muchas escenas presentan alteraciones notables en su planificación. De todas ellas, es la secuencia de la batalla (numerada como 17 y con ocho modificaciones) la que más alteraciones presenta. No obstante, no debe perderse de vista que el valor máximo que posee *Campanas a medianoche* radica en su calidad literaria. Ocurre, empero, que por tratarse también de un documento de una naturaleza peculiar, la complejidad técnica y estética de este trabajo es de gran interés, pues no se trata de un guion original ni tampoco una traducción o una versión (pese a que reúna algunos rasgos de todos ellos). Por todo eso, este texto ofrece muchos alicientes que habrán de situarlo en el lugar que le corresponde dentro de la bibliografía del dramaturgo.

Que *Campanas a medianoche* haya permanecido olvidada obedece a los sinsabores de una amarga experiencia que marcó a Buero Vallejo, quien exigió, como ya sabemos, que desapareciese toda huella de su vinculación a la película de Orson Welles. Este olvido llegó hasta el punto de que cuando en 1982 se estrenó su versión de *El pato silvestre* de Ibsen, el dramaturgo declarase a la prensa que «no soy un muñidor de versiones; si acepté hacer ésta fue precisamente por su gran calidad, como antes también había aceptado las versiones de *Madre Coraje*, de Brecht (1964), y la de William Shakespeare, en 1961»[29]. ¿Y *Campanas a medianoche*? Roto el silencio, ha llegado el momento de hablar de esta obra; de leerla.

---

medianoche: un desafío estético para Antonio Buero Vallejo».
29 «El pato silvestre», de Ibsen, se estrena el día 13 en Sevilla». Diario *El País*, 7 enero 1982.

CAMPANAS
A
MEDIANOCHE

Figura 1.
Fotograma original donde aparece el
nombre de Antonio Buero Vallejo

P.35 (ESCENA 10B)

FALSTAFF

¡Bah, milord! Todo es falso-- (APARTE, A LOS DEMAS) No hagáis caso, esperad al fin.

PRINCIPE HAL

Te sigue un diablo gordo, con la cara de un viejo barbón; un tonel viejo es tu compadre.

¿Por qué te arrimas a un arca de bubas, a un baúl lleno de pecados, a un grueso fardo hidrópico, a un jamón borracho, a un sopla-tripas, a un tardo buey sin huesos, al disfraz falso de la iniquidad, al padre rufián, al vicio entrado en años?

FALSTAFF
(Con aire de enorme inocencia)

Si vuestra gracia no me aclara... ¿Qué hombre es ése?

PRINCIPE HAL

Un bellacón y un malvado que a mi hijo descarrió--

TODOS
(Terminan con él)

...¡Falstaff!

PRINCIPE HAL

...¡Esa cabra de Satán!

FALSTAFF
(Con gravedad)

Milord, sé quién es...

PRINCIPE HAL

No lo dudo.

FALSTAFF

Mas decir que sus vicios engendran los míos, es cosa muy incierta. Que él es viejo, lo muestran para su desgracia sus canas; mas que sea, y perdonad, viejo Satanás--yo del todo lo niego.

Si trincar y comer son faltas, ¡Dios nos ayude! Si ser viejo y jovial es pecado, de muchos sé yo que estarán condenados; si la tripa va a ser pecado, hay frailes que serán quemados. No, majestad: fuera Peto, fuera Bardolf, fuera Poins; pero al gentil Falstaff, gachón Falstaff, leal Falstaff, valiente Falstaff-- tanto más valiente por ser el viejo Juan Falstaff--, ¡mantenedlo junto a Enrique, pardiez! ¡Mantenedlo junto a Enrique, pardiez! Pues expulsado, perderé todo. ← ¿Se repite la frase?

PRINCIPE HAL

Lo hago y... lo haré.

Criterios de esta edición

a - Para los parlamentos de los actores hemos mantenido el estilo del guion original.

b - *Las indicaciones que podrían equivaler a las acotaciones teatrales están o bien insertadas dentro de los parlamentos (entre paréntesis y en cursiva), si así estaban en el original, o si no se refieren a uno de estos parlamentos, están separadas, en cursiva, sin sangría.*

c - *Lo que son descripciones o indicaciones técnicas (ej: contraplano, plano medio, «la cámara encuadra...») las hemos dejado en cursiva y situado entre corchetes [ ], con una alineación centrada en el texto.*

d - Los añadidos que Buero escribe al margen a mano están insertos dentro de los parlamentos de los actores en letra redonda y están situados dentro de unas llaves { }.

e - Las variantes que Buero propone para que sea más fácil el doblaje y que él incluye dentro de los parlamentos entre corchetes y en redonda las hemos dejado tal cual.

f - Las incorrecciones gramaticales y léxicas de Yesca se han mantenido y se han entrecomillado cuando Antonio Buero Vallejo lo señalaba en su texto.

Figura 2.
Reproducción de la p. 35 del libreto realizado por
Buero Vallejo

Dramatis personae
(por orden de aparición)[1]

Juez Cero
Interpretado por: Alan Webb.
Nombre en la versión inglesa: Justice / Master Robert Shallow.
Juez de Paz del condado de Gloucestershire. Primo del juez Silencio y antiguo compañero en la escuela de San Clemente de Falstaff, al que presta dinero.

Falstaff
Interpretado por: Orson Welles.
Nombre en la versión inglesa: Falstaff / Sir John / Jack.
John Falstaff, caballero, ladrón, compañero y «tutor» del príncipe Hal.

Juez Silencio
Interpretado por: Walter Chiari.
Nombre en la versión inglesa: Master Silence.
Primo del juez Cero, también es juez de paz.

Westmorland
Interpretado por: Andrew Faulds.
Nombre en la versión inglesa: Westmorland / Westmoreland.
Ralph Neville, conde de Westmorland. Noble próximo a Bolingbroke.

Carlyle
Thomas Merke, obispo de Carlyle o Carlisle, servidor de Ricardo II. Por denunciar al usurpador Enrique IV fue encarcelado en la Torre de Londres.
Este personaje no aparece en la película de Orson Welles. La escena en la que interviene, al comienzo de *Campanas*, posiblemente llegó a rodarse, aunque al final el cineasta la descartara.

---

[1] Este listado de personajes no aparece en el texto de Buero Vallejo. No obstante, hemos considerado pertinente su inclusión para facilitar la lectura. [N de los E]

Exton
Sirviente de Bolingbroke, responsable del asesinato de su predecesor Ricardo II. A pesar del servicio prestado, el nuevo monarca ordena su exilio.
Así como en el texto de Buero Vallejo este personaje tiene unas líneas, en la película no hay rastro de su presencia. No obstante, como en el caso de Carlyle, en una de las escenas descartadas sí aparecía.

Northumberland
Interpretado por: José Nieto.
Nombre en la versión inglesa: Northumberland.
Conde de Northumberland, primo de Edmundo Mortimer. Inicialmente fiel a Ricardo II, acabó por pasarse al bando de Bolingbroke. Enrique IV le encomendó la tarea de someter a los rebeldes galeses, pero él optó por la paz, lo que lo enfrentó con el monarca. Acabó por defender la causa de Edmund Mortimer.

Bolingbroke / El rey
Interpretado por: John Gielgud.
Nombre en la versión inglesa: Henry Bollingbroke / Henry IV.
Enrique Bolingbroke, perteneciente a la dinastía Lancaster, ocupa el trono inglés, como Enrique IV, tras el asesinato de su primo Ricardo II. Padre de siete hijos, entre ellos John, duque de Lancaster, y el príncipe Hal, futuro Enrique V.

Worcester
Interpretado por: Fernando Rey.
Nombre en la versión inglesa: Worcester.
Thomas Percy, conde de Worcester, rival de Bolingbroke. Hermano de Northumberland y tío de Espuela, podría haber evitado la batalla en la que este último muere a manos del príncipe Hal si hubiera transmitido a los Percy la propuesta de dirimir el conflicto en un duelo singular.

Espuela / Enrique Percy
Interpretado por: Norman Rodway.
Nombre en la versión inglesa: Henry «Hotspur» Percy / Harry.
Hijo de Northumberland, casa inicialmente fiel a Bolingbroke, pero responsable de la rebelión que llevará a la batalla de Shrewsbury. En

esta contienda el príncipe Hal derrota y acaba con la vida de Espuela, que era uno de los más célebres caballeros de la época. Casado con Lady Percy.

Príncipe Hal / Enrique V
Interpretado por: Keith Baxter.
Nombre en la versión inglesa: Prince Hal / Prince of Wales / Harry.
Hijo de Enrique Bolingbroke, Enrique IV. A la muerte de su padre se convierte en Enrique V. Compañero de correrías y «pupilo» de Falstaff hasta subir al trono de Inglaterra.

Bardolf
Interpretado por Patrick Bedford.
Nombre en la versión inglesa: Bardolph.
Junto a Nym y Peto, uno de los compinches de Falstaff. Pertenece a su ejército y es, como él, un ladrón.

Poins / Ned
Interpretado por: Tony Beckley.
Nombre en la versión inglesa: Ned / Poins.
Amigo y confidente del príncipe Hal en su juventud. Ambos comparten fechorías, pero Poins permanece alejado del círculo de delincuentes que rodea a Falstaff.

Señora Yesca
Interpretado por: Margaret Rutherford.
Nombre en la versión inglesa: Mistress Quickly / Hostess.
Dueña de la posada *La cabeza del jabalí*, frecuentada por Falstaff, el príncipe Hal y todo su círculo.

Paje
Interpretado por: Beatrice Welles.
Nombre en la versión inglesa: Boy / Lad.
Joven paje al servicio de Falstaff.

Lady Percy / Catalina
Interpretado por: Marina Vlady.
Nombre en la versión inglesa: Kate [Percy].
Esposa de Espuela y hermana de Edmund Mortimer, noble próximo

a Bolingbroke pero caído en desgracia al ser hecho prisionero por los galeses

Nym
Se desconoce el nombre del actor que lo interpretó en *Campanadas a medianoche*.
Nombre en la versión inglesa: Nym.
Fiel amigo de Falstaff, caporal de su ejército, y ladrón como él.

Peto
No se conoce quién interpretó este papel en la película.
Nombre en la versión inglesa: Peto.
Otro compinche de Falstaff.

Warwick
Se desconoce el nombre del actor que dio vida a este personaje.
Nombre en la versión inglesa: Warwick.
Richard de Beauchamp, conde de Warwick, miembro del consejo real de Bolingbroke.

Blunt
No se conoce quién interpretó a Blunt en el filme.
Nombre en la versión inglesa: Blunt.
Gualterio –Walter– Blunt o Blount, caballero al servicio de la casa de Lancaster. Murió en la batalla de Shrewsbury.

Bracy
Se desconoce quién lo interpreta en la película.
Nombre en la versión inglesa: Bracy.
Juan o Tomas Bracy, noble aliado de Bolingbroke, futuro Enrique IV.

Dora Lirón
Interpretado por: Jeanne Moreau.
Nombre en la versión inglesa: Doll Tearsheet / Mrs. Doll / Mrs. Dorothy.
Amante de Falstaff, una de las prostitutas de *La posada de la cabeza de Jabalí* regentada por la Señora Yesca.

Lord juez Mayor
Interpretado por: Keith Pyott.
Nombre en la versión inglesa: Chief Justice.
Juez que mantiene con Falstaff una discusión.

Obispo
Interpretado por: Alessandro Tasca di Cutò.
Nombre en la versión inglesa: Bishop.
Aparece siempre acompañado del lord juez Mayor.

Pistolo
Interpretado por: Michael Aldridge
Nombre en la versión inglesa: Pistol.
Este cobarde truhán es el estandarte del ejército de Falstaff. Habitual de *La cabeza del jabalí*, intenta seducir a Dora Lirón.

Grey
Thomas Grey, noble perteneciente al bando de los Percy, acaba por pasarse a las filas de Enrique IV.
Este personaje no aparece como tal en el filme de Orson Welles.

Vernon
No se ha podido identificar al actor que lo interpretó.
Nombre en la versión inglesa: Vernon.
Noble al servicio de la causa de los Percy. Cuando en los prolegómenos de la batalla de Shrewsbury, Worcester y Vernon, emisarios de los Percy, reciben la propuesta del príncipe Hal de resolver la disputa con un duelo singular entre Espuela y él, ambos acuerdan no revelar esta proposición a Northumberland. Los vencedores, los Lancaster, los integran a su séquito. En la película Vernon no tiene un papel tan destacado en esa escena.

David
El actor que le da vida no ha sido identificado.
Nombre en la versión inglesa: Davy.
Criado del juez Cero, viejo camarada y prestamista de Falstaff,

Verdín
No se tienen datos respecto al actor que lo interpretó.

Nombre en la versión inglesa: Mouldy.
Al igual que Becerro, este personaje consigue evitar luchar en Shrewsbury pagando una cantidad económica.

Sombra
Se desconoce quién es el actor que lo interpreta.
Nombre en la versión inglesa: Simon Shadow.
Falstaff lo incorpora a sus huestes ante la batalla de Shrewsbury.

Flojo
Interpretado por: Edmond Richard.
Nombre en la versión inglesa: Francis Feeble.
Modisto, Falstaff lo incorpora a sus huestes ante la batalla de Shrewsbury.

Becerro
El actor que lo interpreta no ha podido ser identificado.
Nombre en la versión inglesa: Peter Bullcalf of the Green.
Uno de los reclutas que Falstaff pretende incorporar a su ejército de cara a la batalla de Shrewsbury, en la que Bolingbroke derrota a su rival Northumberland. Consigue librarse pagando un soborno.

Lancaster
Interpretado por: Jeremy Rowe,
Nombre en la versión inglesa: Prince John.
John Lancaster, duque de Bedford, es uno de los hijos de Bolingbroke y por tanto hermano del príncipe Hal.

Garra
Sicario del alguacil.
En la película, pese a que el alguacil esté acompañado de varios servidores, ninguno tiene una presencia destacada como para sobresalir del resto. De hecho, el único de ese grupo que tiene alguna línea de diálogo es el alguacil. De ahí que este personaje, que sí tiene más importancia en el texto de Buero Vallejo, no esté particularizado en el filme.

Alguacil
Se desconoce el nombre del actor que interpreta este papel.
Nombre en la versión inglesa: Scheriff.

Servidor de la ley que acude a la posada *La cabeza del jabalí* para detener a Falstaff por el atraco a los viajeros. Al final de la obra es el encargado de arrestar a Dora Lirón.

Mortimer

Nombre en la versión inglesa: Edmund Mortimer.

Edmund Mortimer, noble favorable a la causa de Bolingbroke. Tras ser capturado por los rebeldes galeses, Bolingbroke consideró que en realidad había desertado, por lo que se negó a pagar rescate alguno. Su hermana Catalina fue la esposa de Espuela.

Aunque no aparece en la película ni tampoco en el texto de Buero Vallejo -si bien es mencionado al comienzo de ambas obras-, su importancia en los acontecimientos es tal que justifica su inclusión en este listado.

Narrador

Voz en la versión inglesa: Ralph Richardson

Advertencias Generales

El título.
— Existe comedia reciente de André Obey, galardonada con el premio Pelman de 1959, traducida al castellano por Vicente Balart, estrenada en España en 1962 y publicada en 1963, bajo el título: «Las campanas de medianoche». Dicha comedia, aunque nada tiene que ver con la presente película, se desarrolla en 1499 y en Inglaterra. Es una especie de auto sacramental y sus personajes son gente del pueblo. Hace poco fue dada por Televisión Española y a veces se representa por grupos de cámara. ¿Convendría cambiar el título de la película? No es el mismo, pero es muy parecido. Diciendo «Campanadas a medianoche» el problema subsiste, y sería título más feo y más largo.

Versificación.
— Las partes en verso del original se atienen al texto de Shakespeare y están formadas en general —salvo excepciones de 9, 11 y 12 sílabas fonéticas que también se han tenido en cuenta— por versos de 10 sílabas con acento al final, o sea equivalentes por sus acentos a endecasílabos castellanos incompletos. Cuando se ha podido, se han trasladado como tales endecasílabos incompletos con acento final; pero muchos de ellos van traducidos en endecasílabos completos, único modo de que en castellano conserven algún aire poético. Los dobladores deberán por consiguiente en esos casos incluir una sílaba más al final del verso aprovechando el movimiento final de los labios.

Equivalencias.
— De tarde en tarde, detrás de frases o palabras ajustadas lo mejor posible, se pone entre paréntesis una frase o palabra preferible pero menos ajustada. Si la imagen lo permite, por lejanía, voz en «off», personaje de espaldas, etc., los dobladores deberán optar por la frase o palabra entre paréntesis.

Voces generales.
– En numerosos momentos el original indica la presencia de gentes que hablan o gritan. Se han añadido entre paréntesis unas cuantas frases que pueden servir en tales momentos como guion para los ruidos generales, a repartir entre diversas personas.[1]

A. B. V.

---

[1] En este punto no hemos seguido la indicación de Buero Vallejo y hemos optado por especificar esas «Voces» como «Gentío», «Jinetes» o, también, «Voces», en aras a facilitar la lectura.

[Antes del título principal aparecen:]

(Escena 1) Árboles como negros esqueletos sobre un cielo plomizo

Invierno. Tres viejos caballeros pasean por un huerto hablando de tiempos que pasaron: el juez Cero, su primo Silencio y sir Juan Falstaff —todos están bebidos—.

Juez Cero
¡Jesús, qué días nos tocó ver!... *(Suspira mientras recuerda con placer... Cacarea:)* ¿Recordáis por ventura aquella gran noche en el molino de San Jorge?

Falstaff
¡No más recuerdos, maese Cero!... No más recuerdos.

Juez Cero
¡Qué... noche más linda!... Juanita aún dará guerra... [Quizá viva aún Juanita...]

Falstaff
Así es, maese Cero.

Juez Cero
¿Es que aún está buena?

Falstaff
No, no, maese Cero.

Juez Cero
Cla...ro, es muy vieja; tiene que estar muy vieja; cierto que sí; su hijo Robin nació cuando entré yo en mi escuela de San Clemente.

Juez Silencio
De eso hará cincuenta años.

Juez Cero
¡Ah, caro [primo] Silencio, cuántas cosas [lo que vimos] esa noche y otras veces! ¿Eh, sir Juan? ¿Dije bien?

Falstaff
Cuando oímos las campanas a... medianoche...

Juez Cero
Se oyeron, se oyeron, se oyeron; a fe, sir Juan, que sí. *(Su risa se transforma en hipo.)* ¡Jesús! ¡Qué días nos tocó ver!

Sobre los negros y pelados árboles, las diminutas figuras de los tres viejos caballeros se alejan juntas, tambaleándose.

[Aparece el título principal:]

CAMPANAS A MEDIANOCHE

Después de los rótulos llena la pantalla la sección de una página de la Crónica de la Historia de Inglaterra, *de Holinshed (su texto es recitado por el narrador).*

Narrador
En el mes de mayo del año de nuestro Señor de mil cuatrocientos, fue asesinado en el castillo de Berkeley el rey Ricardo segundo. {El 14 de febrero de 1400 fue asesinado en el castillo de Pontefract el rey Ricardo Segundo.[2] Díjose entonces que el duque Enrique Bolingbroke fue quien dio la orden. Previamente, el duque Enrique se había hecho coronar. Pero el legítimo heredero del trono, Edmundo Mortimer, en-

---

[2] Es evidente que por lo que atañe a la fecha del asesinato de Ricardo II el añadido entre llaves supone una contradicción con la información anterior. De hecho, aunque se considera que la muerte del monarca tuvo lugar en febrero de 1400, existen dudas al respecto. En la película la fecha que se ofrece es la del 14 de febrero. Por otra parte, un poco más adelante, en la página 18, el narrador repite prácticamente los mismos datos. Entre ambas intervenciones, la de esta página 14 y la de la 18, se desarrolla una escena de la película que fue rodada, pero descartada. Al ser eliminada, el parlamento del narrador fue desprovisto de aquellos datos repetidos.

contrábase prisionero de los rebeldes galeses. El nuevo rey no tenía ninguna prisa en pagar su rescate, y para comprobarlo llegarían a Windsor los Percy, primos de Mortimer, a ver al monarca: Northumberland, su hijo Enrique Percy, a quien llamaban Espuela, y Worcester, que procuraba siempre obrar con malicia y urdir intrigas.}

[Superpuesto a la página impresa se ve:]

(Escena 2) Campo abierto cercano al castillo (día)

Una asamblea de caballeros y barones...

Westmorland
Enrique Bolingbroke: vencido ya
Por vos, pierde Ricardo su realeza
Y os nombra el heredero de su cetro
Cuyo poder con gusto os lega hoy;
Sentaos al trono que él abandonó
¡Y gloria al rey Enrique cuarto!
¡Dios salve a Enrique!

Muchas voces
¡Dios salve a Enrique!

[Contracampo:]

Carlyle
¡Mi Dios lo prohibe! [¡Dios no lo quiera!]
(Al destacarse el anciano y noble patriarca de la Iglesia corre un murmullo de cólera entre los demás...)
¡Enrique Bolingbroke, que decís rey,
Es un vil traidor!

Airada reacción ante estas palabras (algunos se atreven a mostrarse acordes con el anciano obispo).

Muchas voces

¡Infame! – ¡Traidor vos! – ¡Que lo prendan! – ¡Muerte al obispo! – ¡No! – ¡Dijo verdad! – ¡Es la voz de Dios!

Carlyle

Si lo hacéis rey, esta es mi profecía:
El pueblo inglés se colmará de horror
Y vuestros herederos gemirán;
Desorden, sangre, miedo y fetidez
Tendréis, y el campo inglés se llamará
Campo del Gólgota y de calaveras...

Westmorland

(Le acalla, gritando.)
Harto habéis dicho, sir; debéis saber
Que por vuestra traición he de arrestaros.

A una señal suya, cuatro caballeros armados desenvainan sus espadas y las dirigen contra Carlyle –no en son de amenaza, sino cumpliendo el gesto formal del arresto–. Entretanto, Exton fue acercándose desde el fondo, a la cabeza de una extraña procesión de soldados que lleva un ataúd abierto.

Exton

(Exclama.) ¡Gran rey de Inglaterra y magno señor!

Northumberland (¿Westmorland?) [3]

(A los caballeros.) Lleváoslo ya...

Los cuatro caballeros arrastran al obispo Carlyle... Bolingbroke detiene con un gesto a Northumberland, que está bajando la corona...

---

[3] Probablemente en el texto original era Northumberland quien daba la orden, pero parece más coherente con el desarrollo de la escena que fuese Westmorland, quien acaba de anunciar el arresto de Carlyle. En la versión presentada ante la censura la intervención anterior de Westmorland, «Harto habéis dicho...», la pronuncia Northumberland, pero esta segunda, la dudosa, proviene de Worcester, lo que aumenta la confusión. Esta escena fue descartada de la película, por lo que no es posible acudir a ella para esclarecer el asunto.

Bolingbroke (El rey) [4]
De aquí a tres días solemnizaréis
La coronación.
(Se interrumpe, lleno de horror.)

[Su V.P. Exton entra en cuadro con el ataúd abierto.]

Exton
¡Gran rey, ved en un cofre sepultado
Vuestro temor!

[Otro ángulo: destacando el cadáver ensangrentado del rey Ricardo...]

Exton
Así dormirá ya
El más terrible de los enemigos.

Northumberland
(Palidece.) ¿Ricardo? [¿El rey Ricardo?]

Un silencio tenso...

Bolingbroke (El rey)
(Su cara, blanca como el yeso; su voz, alterada por la emoción.)
Exton, gracias no doy, pues con tu brazo
Has hecho algo tan vil que manchará
A mi persona y a la fama inglesa.

Exton
(Rápido.)
Mandato fue, milord, que os escuché.

Bolingbroke (El rey)
(Le corta.)
No se ama el veneno que es menester
Ni yo a ti.

---

4   Como resultado de los acontecimientos presentados, Enrique Bolingbroke será coronado rey. A partir de la siguiente escena este personaje aparece como El rey, motivo por el cual Buero Vallejo aclara que se trata de la misma persona.

[Primer plano: Bolingbroke.]

Aunque quise su muerte...
(La asamblea hierve de reprimida excitación... Bolingbroke se vuelve hacia ella.)
Lo...res, mi alma se colma de horror:
La muerte espera en pie sobre mi trono.

[Los caracteres de la vieja Crónica *ocultan de nuevo la pantalla. Luego —mientras se presentan los tres «Percys» y entran en cuadro— las líneas se esfuman. Antes de que termine el narrador desaparecen del todo.]*

(Escena 3) Salón del trono en el castillo

Narrador
El reinado de Enrique cuarto se vio turbado desde sus comienzos por la sedición: los escoceses moviéronle guerras, y también los galeses.

[Los tres Percys entran en cuadro caminando uno tras otro, al tiempo que se anuncian sus nombres.]

Lord Northumberland... su hijo Enrique Percy —a quien llamaban Espuela— ... y Worcester —cuyo propósito fue siempre el de obrar con malicia y urdir intrigas— fueron a Windsor a ver al rey para sondear sus intenciones...
Su pariente Mortimer había caído en poder de los rebeldes galeses; y era este Mortimer el verdadero heredero del reino. Sobradamente conocidos sus derechos a la corona, el rey Enrique no tenía ninguna prisa en pagar su rescate.

Nada más terminar estas palabras, habla el rey.

El rey
¿Saquear las arcas
Para el rescate de un vil traidorzuelo?

Worcester
Mi rey.

El rey
¡No! Que se muera por los secos montes;
Porque yo a nadie he de llamar mi amigo
Si sugiere que pierda ni un penique
Trayéndome al rebelde Mortimer...

Espuela
¿Rebelde, Mortimer?
Nunca os fue desleal, mi soberano,
Mas por azar de guerra...

El rey
¡Calla!
(Su tajante tono reduce a Espuela al silencio.)
Mi fuerza he mantenido atemperada
E indiferente a esas indignidades
Y tú la inflamas; ¡puede que no entiendas
Que agotas mi paciencia!

Worcester
Nuestra... mansión, señor, triste recibe
La dureza del regio latigazo;
(Con un punto de ironía.)
Que en estas manos vuestro trono halló
Sus más firmes soportes.

Northumberland
Milord.

El rey
¡Worcester, sal de aquí! Pues ya noté
Rencores insumisos en tus ojos.
Licencia doite; si he de menester
Tu consejo o tu brazo, haré buscarte.

Una corta pausa... Worcester se inclina fríamente y sale a grandes pasos del salón del trono...

Northumberland
Mi señor, oídme.

El rey

¿Qué más?
No pretendas ya hablar de Mortimer;
O te haré tales órdenes cumplir
Que te desprecies.
(Otro breve y pesado silencio.)
Milord Northumberland,
Podéis dejarnos vos y vuestro hijo.

Northumberland y Espuela miran fijamente al rey por un momento; de repente se inclinan y salen...

(Escena 4) Otro lugar del castillo
[Variante: Puertas del castillo]

Worcester los está esperando allí...

Espuela

(Mientras aparece caminando.)
¡Hablar de Mortimer!
¡Dios, sí que hablaré de él, y que mi honor
Se pierda, si no lucho junto a él!

Va a irse Espuela, lleno de ira. Worcester y Northumberland se miran.

Worcester

Oye, sobrino, esto.

Espuela

El rey Ricardo
¿No dio a mi hermano Edmundo Mortimer
La sucesión?

Northumberland

Así es; fui yo testigo.

Espuela

¡No ex...tra...ña que su primo el rey desee
Que caiga pronto por los montes secos!

WORCESTER
Sobrino, dame audiencia por un rato.

ESPUELA
¿Se ha de hablar con vergüenza en nuestros días
O fijar por las crónicas mañana,
Que hombres de tal nobleza y tal poder
Tendrían que proceder con injusticia,
Cual vosotros –¡Dios poderoso!– hicisteis
Deponiendo a Ricardo, suave rosa,
Y plantando esa caña de Bolingbroke?

Espuela casi grita estas peligrosas palabras; Worcester responde casi murmurando.

WORCESTER
Buen sobrino, óyeme...

ESPUELA
¡Por Dios! Fuera sencillo dar un salto
Y al mismo sol robarle fama y prez;
O sumirse en el piélago marino,
Al fondo en que la sonda nunca dio,
Y al pundonor ahogado presto izar.
¡Mas no aceptar a un rey bribón y ruin!

WORCESTER
(*Inicia la marcha.*) Pásalo [Pasadlo] bien. Queda [Quedad] con Dios
Hasta que aplaque [aplaques] su [tu] maldito ardor.
(*Variantes, según se dirija a su hermano o a su sobrino.*)

ESPUELA
¿Qué he de hacer, si se inflama el corazón
Y se siente esta fiebre, cuando estás
Ante el vil petulante Bolingbroke?
{Sin él ser rey, ¿en qué castillo fue
Donde al fin me humillé
Ante ese galopín de Bolingbroke
¡Peste!

Cuando llegó él con vos de Ravenspurgh?

NORTHUMBERLAND
En Berkeley, dices...

ESPUELA
Eso es.
¡Cuánto candor y dulces cortesías
El muy rastrero tuvo para mí!
«¡Tú, gran Enrique Percy! ¡qué gran dicha!»
¡Oh, que el diablo cargue con él!
(Se detiene, congestionado por la rabia. Luego, bajando la voz, se vuelve avergonzado hacia su padre y su tío con una débil sonrisa de disculpa.)
Excusadme.
Os oigo, tío, yo... ya acabé.

WORCESTER
(Con dura sonrisa.)
No, dinos cuanto nos quieras decir;
Yo sigo escuchando.

ESPUELA
(Con abierta sonrisa.)
Acabé, de veras.

WORCESTER
(Repentinamente serio, a Northumberland.)
Oíd, milord,
En secreto, tratad de hablar del caso
Con nuestro buen amigo y gran prelado
El arzobispo...

ESPUELA
(Interrumpe, ansioso.)
De York, ¿no es eso?
(Worcester sonríe por toda respuesta.)
¡Ah, Virgen! ¡Qué buen golpe contra el rey!
Así el poder de Escocia y el de York
Junto al de Mortimer, ¿eh?...

WORCESTER

Ya lo entiendes.
(Northumberland iba a formular alguna prudente objeción, pero Worcester le corta antes de que comience a hablar.)
Bueno, hermano, adiós. Prisa no tengáis
Que ya por cartas os iré indicando.

Se aleja.

NORTHUMBERLAND

Dios os guarde, hermano...
(Dubitativo.)
Y que Él nos perdone.

[Primer plano.]

ESPUELA

A cosa alguna atenderé ya más,
Salvo a hostigar al vil de Bolingbroke;
Y a ese rufián del príncipe de Gales,
Poco le hace que el padre lo desprecie
Y sea feliz de verle hecho un perdido:
¡Yo haré que le envenenen su bebida!

(ESCENA 5) INTERIOR DE LA POSADA DE «LA CABEZA DEL JABALÍ» (MADRUGADA)

[La base de un gran jarro de cerveza llena la pantalla. El jarro desciende y descubre al príncipe de Gales...]

Al príncipe Hal le llama la atención un ruido, un ruido de ronquidos... Se dirige hacia el ruido.

PRÍNCIPE HAL
¿Y Falstaff?

BARDOLF
Descansa...

POINS
¡Y ronca cual un asno!

El príncipe Hal entra en la alcoba de Falstaff.

(ESCENA 5A) ALCOBA

POINS
(Sonríe.) Robé en su bolsa.

PRÍNCIPE HAL
(Le devuelve la sonrisa.) ¿Y allí qué había?

POINS
Sólo un pliego, milord.

Le enseña un papel... Emergiendo de un enorme montón de ropas de cama en desorden, Falstaff parpadea, semidespierto. Evidentemente, ha pasado una noche borrascosa. Tal vez se divisa el pie de una mujer, saliendo bajo las mantas.

FALSTAFF
Eh, Hal: ¿es temprano o es tarde?

PRÍNCIPE HAL
¿Por qué diablos ha de inquietarte la hora en que estás? Si el reloj no es un vaso, ni el cuadrante un bur...del, ni es lengua de moza la ho...ra, ni el puto sol una vehemente niña vestida de fiesta, no hallo razón de que tú preguntes paparruchas ni sepas la hora en que estás.

Falstaff

(Una viva mirada a Poins; una sonrisa al príncipe.) Siendo un rufián yo, Hal, por la luna habré de gobernarme [Siendo ladrones, Hal, por la luna hemos de gobernarnos.] *(Durante las palabras del príncipe Hal se ha estado palpando la ropa.)* ¡Ah, no! ¿Quién me ha robado? *(Ruge.)* ¡Yesca! ¡Yesca! [¡Hostelera! ¡Hostelera!]

Sale aprisa del aposento.

Señora Yesca
(Voz, O.S.)[5] ¿Qué mandáis, sir Juan?

Falstaff
¿Quién me ha robado?

(Escena 5B) Serie de tomas

Falstaff
¡La bolsa algún pillo rufián me robó!

Príncipe Hal
(Le sigue y exclama:) ¿Qué dices, Juan?

Falstaff
¡Que un rufián me robó!

La señora Yesca, dueña de la posada, lo mira desde abajo.

Señora Yesca
Sir Juan, nunca en el mesón se ha extraviado ni medio pelo.

Falstaff
¡Largo!

---

5   «Voz Off Stage», esto es, «Voz en off» o fuera de escena

Señora Yesca
¿Creéis, sir Juan, que guardo ladrones en mi casa?

Príncipe Hal
Juan... [Juanito...]

Señora Yesca
(Al príncipe.) Milord, sed vos «testiguo».

Falstaff
Largo, que ya te conozco.

Señora Yesca
Y yo a vos, sir Juan; ¡debéisme mucho, sir Juan, y ahora estáis fingiendo que os robaron para embaucarme!

[Contracampo: la parroquia de la posada aplaude. Vuelve a la escena:]

Falstaff
(Ofendido en su virtud.) Tu casa es un burdel y... ¡roban bolsas!

Desde otras puertas asoman las desgreñadas cabezas de varias muchachas...

Señora Yesca
(Apelando al príncipe.) Un burdel, ¿lo oís? Tenga una y dé cobijo una a diez o doce honestas damas que se sostienen porque bordan vestidos; ¡pues dirán que una abrió un burdel, claro! Debéisme mucho, sir Juan...

Falstaff
¡Mozo! Tráeme un ponche bien colmado.

Paje
¿Con hue...vos?

Falstaff
Limpio y sin mezcla: no quiero mala esperma en mi vaso... [Yo no quiero esperma de gallina...] ¿Es que ya no he de poder dormir en mi casa sin verme robado?

Príncipe Hal
(Con muestras de extrema incredulidad.) ¿Qué te han quitado? [¿Qué te falta, Juan?]

Falstaff
¿No es un vil robo, Hal? Treinta libras...

Príncipe Hal
¿Qué?

Falstaff
Y un anillo de mis abuelos, de veinte marcos...

Se le va apagando la voz al advertir lo que el príncipe tiene en la mano: la cuenta de la posada.

Príncipe Hal
Tú debes aquí mucho, Juan. Una larga cuenta...
(Lee en voz alta.)
«Ítem, un capón, dos chelines y un penique.
Ítem, caldo, tres peniques.
Ítem, jerez, dos galones, diez chelines y un penique».

Poins
(Acabando la lista.) «Ítem, anchoas y jerez de principio, dos chelines, seis peniques.
Ítem, pan, un penique».

Príncipe Hal
¡Gran bestia!

Falstaff
¡Yesca! Ven. Te perdono.

Príncipe Hal
¡Sólo ese pan contra esa espantosa cantidad de vino de jerez!

Falstaff
Yesca, ven, no me revientes con tu mal humor... Te perdono... Sí...

Tráeme un jarro de vino... y una tostada. *(Capta la mirada del príncipe.)* Hal, si puedes, no me enfades más con vanidades... *(Suspira como si se sacudiera un gran peso.)* Tú quieres perder mi alma aún más, Hal, Dios te lo perdone. Cuando te encontré, Hal, yo era un ángel... Y ahora... {Ay, ay, si he de hablar con verdad, sí:} Ahora no soy más que un tahur sin conciencia. *(Se le ríen de esto, mas él sigue aparentando aires de verdadera sinceridad.)* Yo era tan virtuoso que jamás hurtaba o juraba. *(Más risas.)* ¡Virtuoso he dicho! Los dados: sólo un juego, treinta días al mes; entrar en burdeles, nada más... que de cuarto en cuarto de hora; pagué mis deudas siempre, aunque... una entre tres... *(Cada una de estas virtuosas afirmaciones ha sido coreada... pero Falstaff sigue hablando como si anhelara que le tomasen en serio.)* ¡Las malas, villanas compañías lleváronme a este fin! Si no tengo olvidado el interior de la iglesia y la misa, que coma pimienta y no me den jerez. Triste de mí...

Poins
(Susurra, malicioso.) ¿Dónde se hallarán [robaremos] bolsas mañana, Juan?

Falstaff
(Vuelve al instante a la vida.) E...so está hecho, Ned; ¡sé un buen sitio!

Príncipe Hal
(A Poins.) Ahora sí que revive nuestro buen Juan: prefiere el robo al rezo.

Falstaff
Es que... es mi vocación, Hal; yo no hallo pecado en desarrollar la vocación.

Poins
Pues oíd, mañana muy temprano, al filo de las... tres y en la colina irán peregrinos hacia Canterbury con sus ofrendas, y tratantes a Londres con gruesas bolsas.

Falstaff
(Entusiasmado.) Hal, ¿no te peta?

Príncipe Hal
(Escandalizado.) ¿Yo ladrón? ¿Yo he de hurtar? No tal, por mi fe.

Falstaff

(Indignado.) ¡Ni te queda honradez, pendón, ni la hombría te va a ti, ni en tu pecho hay gota de sangre azul, si no te calientas por diez chelines!

Príncipe Hal

De aquí no saldré. [Yo me quedo aquí.]

Falstaff

Voto a Dios, que yo seré traidor cuando seas rey.

Príncipe Hal

Allá tú.

Poins

Veníos, milord. *(A su oído.)* Tengo un ardid... [Tengo entre cejas...] Un ardid contra el necio de sir Juan...

Falstaff

No lo pienses tanto, cantarico de miel.

Príncipe Hal

Bien... Te seguiré.

Poins

(Guiña un ojo a Falstaff al salir.) Sacaremos botín para todos.

Príncipe Hal

Provéenos de lo necesario... *(Poins agarra de pronto a una linda moza y la echa en los brazos de Hal... El príncipe se desembaraza de ella...)* Me esperaréis aquí. Adiós.

Poins

Adiós, milord.

[En las puertas.]

Falstaff

Truhán, cuando reines, que no nos digan ladrones comunes, pues que de noche andamos, sino caballeros de madrugada, guardabosques de la paz y la sombra; mozos que, como el mar, van gobernados de [por] la muy casta y bella dama luna, ¡bajo cuya cara laboran!

Príncipe Hal

(Para sí.)
Os conozco...
(Ahora habla muy en serio, pero con cierta leve ironía caricaturesca, como si citara palabras de otro príncipe más virtuoso...)
... Y aún he de gastar vida
En aguantar vuestras chocarrerías...
(Falstaff alza su copa en un saludo irónico.)
Mas lo haré cual el sol, benigno rey
Que a nubes viles puede tolerar
Que velen su fulgor sobre la tierra,
Y cuando plácele otra vez surgir
Más halla el amor firme que le aguarda...
(Falstaff lo mira, risueño; pero en el fulgor de los ojos del anciano hay un leve destello de desconfianza.)
Si todo el año en fiesta transcurriese
Trabajar fuera dulce distracción,
Mas nunca son frecuentes los festejos.
El día en que pondré final a todo
Y pague deuda que no prometí,
Mi reforma, luciendo ante mis faltas
Será mayor, y se atraerá más ojos
Que si antes tales faltas yo no hubiese.
Yo los ofendo por amor sutil;
Yo asombraré a mis fieles descuidados.

Falstaff

Dime, gran guasón, ¿elevarás horcas
En Inglaterra cuando seas rey?
(Pero el príncipe se halla perdido en una especie de ensueño... No contesta.)
No cuelgues, cuando seas rey, ladrones. [Cuando seas rey, no ahorques ladrones.]

Príncipe Hal

No; recaerá ese cargo sobre ti,
Y harás un gran verdugo al fin. [Y serás curioso verdugo.]

Falstaff
¡Bien, Hal, bien!

[La escena se esfuma y cambia a:
Exterior del castillo de Espuela.
Un grupo de jinetes al galope.
Pasa a:
Espuela, desnudo, en medio de una nube de vapor.]

Espuela
«El propósito ya es harto arriesgado...»

(Escena 6) Aposento en el castillo de Espuela (día)

Espuela, sentado en una gran tina de madera, lee una carta mientras se baña.

Espuela
(Para sí, furioso.) Sí, es cierto; es arriesgado acatarrarse, dormir, trincar.

Lady Percy
Enrique...

Espuela
¡Pues yo os digo, seor fantoche, que el cardo del riesgo da la flor de la seguridad!

Lady Percy
Enrique...

Espuela
Hola, Cata. [Hola, Catalina.] *(Así saluda a su bella esposa, que acaba de aparecer... Y vuelve a la carta.)* «...El propósito ya es harto arriesgado, amigos a prueba no tenéis; el tiempo, incierto; y todo el plan débil...». *(Se levanta, lleno de rabia. Muy turbados, los dos criados que lo atienden se apresuran a levantar una sábana para ocultarlo a los ojos de su mujer.)* ¿Tal

decís? ¿Tal decís? ¡Y yo os torno a decir que... vos sois un gato cobarde y un charlatán! ¡Voto a Dios, que el plan es tan buen plan cual lo pueda ser; y os lo acreditaré: un buen plan, con fieles amigos, y valientes; un grandioso plan, buenos amigos!

Lady Percy
(A los criados.) Salid. [Dejadnos.]

Espuela
(Envolviéndose en la sábana y saliendo del baño.)
Debo irme hoy, Cata.
(Absorto de nuevo en la carta.)
¡Es un presumido y un necio!
«...Ya sabéis que estaría con vos
Por cariño y respeto a ese linaje...»
(Entrega la carta a su mujer.)
¡Está claro que quiere a su pajar pero no a nuestra casa!
(Comienza a pasear, esquivando a su mujer cuando va a tropezarla.)
¡Dios! Si lo agarro va a tragarse... el abanico de su coima.
Y Butler, ¿pidió los caballos ayer?

Criado
Uno, milord.

Espuela, envuelto en la sábana chorreante, anda de aquí para allá muy agitado.

Espuela
¿Cuál es? ¿El ruano desorejado?

Criado
Ese es, milord.

Espuela
¡Le escojo por mi trono! [¡Y ese será mi trono!]

Todavía envuelto en la sábana, sale presuroso...

(Escena 7) El patio del castillo de Espuela

La compañía de jinetes que manda Worcester entra en escena.

Espuela
(Desde una ventana.) ¿Traéis... nuevas?

Parécele ver a su tío desalentado... Por toda respuesta, Worcester le muestra unas cartas.

Worcester
(Cariacontecido.) De tu padre.

Espuela
¿Cartas suyas? *(Worcester le mira a los ojos...)* ¿Por qué no está con vos?

Worcester
Su salud se ha... agravado.

Espuela
¡Dios! ¿Ha de darse el lujo de empeorar en tales instantes? ¡Ah! No lo dudéis, empezará a sentir un gran frío en la sangre, acudirá al rey y descubrirá los proyectos. ¡Que los... cuelguen a él y al rey!

Lady Percy
Inquietud fuerte sufre y le entristece.
Si es que me quiere, la he de saber yo.

[Interior. Aposento (con fuego encendido).]

¿Por cuál ofensa fui estas dos semanas
Apartada por mi amo de sus brazos?

Espuela la mira un instante. Luego grita a sus criados:

Espuela
¡Largo! [¿Qué haces tú?] [¿Qué haceis?] [¡Quietos!] [¡Eh, tú!]
(Según la acción y lo que hagan los criados.)

Criado

¿Milord?...

Lady Percy

Yo tus sueños velaba en estas noches
Y te oí murmurar cosas de guerras;
Feroz, al fiel corcel espoleando
«Adelante» y «coraje» le gritaste.
Espantada te oí confusas voces
De empalizadas, tiros, culebrinas, {¿? De emboscadas, salidas y trincheras,}
De muertos, rehenes y de lucha atroz...
(Espuela forcejea para librarse de su abrazo y trata de encontrar en la carta el sitio donde leía...)
Dilo, mi rey.

Espuela

(Se vuelve, impaciente.)
¿Qué dices, mi reina?

Lady Percy

¿Qué te aleja de tu casa?

Espuela

(Bromea.)
¡El... potro, amor, el potro!

Lady Percy

¡Sal... ya, mal corazón!
¡Lo descubriré todo! Si te alejas.

Espuela

(Termina la frase:)
A pie y despacio, no avanzaré, cielo.

Lady Percy

¡A fe que voy el dedo a dislocarte
Si no quieres conmigo quedar!
(Le aferra el dedo...)

ESPUELA

(Forcejea.)
¡Quieta, quieta, cruel! ¿Amor? ¡No te quiero!
No quiero amante, Cata, ni jugar
A morder labios y tocar descotes.
¡Tiempo es de fango rojo y cráneos rotos!
¡Ya me arde el corazón! ¡A mi montura!
(Corre hacia el caballo... Ella sujeta las bridas...)

LADY PERCY

¿Ya no me amas? ¿Será cierto, Enrique?
¡Ay! Dime que te burlas otra vez...

ESPUELA

¿Me... quieres despedir?
Te juraré, montado en el corcel
Amarte y ampararte.
Pero escucha:
Te conozco, mas cual esposa sólo
De Enrique Percy, y eres de fiar,
Pero eres hembra; y para secretos
Cual tú no hay otra, pues he de admitir
Que nada has de decir de lo que ignores.
Hasta eso llego, linda Catalina.

LADY PERCY

(Irónica.)
¿Tan... lejos?

ESPUELA

Creo que no es poco.
(Monta a caballo. Y dice, con más dulzura:)
Pero oye, Cata:
A donde llegue, llegarás tú luego;
Si salgo hoy yo, después te vendrás tú.
¿Quedas contenta así?

Lady Percy
No hay más remedio...

Él sale al galope...

[Cambia a:]

(Escena 8) El bosque

El príncipe Hal está intentando embutir a Falstaff en su disfraz...

Príncipe Hal
¿Cuánto hace ya, Juan, que no ves tus rodillas?

Falstaff
¿Mis rodillas?... Cuando tenía tus años, Hal, tenía yo el lindo talle de una niña. Las penas te deshacen. ¡Te inflan cual vejiga de vaca!

Bardolf
(Con un ronco susurro de excitación.) ¡Ahí viene dinero del rey!

Todos se vuelven y miran hacia fuera.

Nym
(Bromea.) Quizá sea su tesorero. ¡Amigos, es seguro el golpe!

Bardolf
¡Chist! ¡Quietos, callad!

Falstaff
¡Sus, mis perros!

Príncipe Hal
(Señala hacia fuera y se dirige a la cuadrilla de Falstaff.) Juan, vosotros cuatro allí.

Falstaff
¿Cómo? ¡Si vienen más de once! [¿Y cuántos serán ellos?]

Bardolf
Son más de ocho.

Falstaff
¡Dios! ¿Y si nos roban? *(Decidido a irse.)* ¡Mi jaco! *(Mira a todos lados. ¡El caballo ha desaparecido!)*

[Otro ángulo:]

(Mira a todos lados, y advierte que está solo...) ¡Dadme mi jaco!

[Otro ángulo:]

Poins
(A Falstaff, guiñándole un ojo a Hal cuando este vuelve a escena.) No estará lejos, ya veréis.

Falstaff
(Incitando a los otros a actuar.) Ea... mis perros. ¡Cumplid bien con lo vuestro!

Príncipe Hal
Si eluden vuestra encerrona, darán con nosotros...

Poins
(Al oído del príncipe.) Le escondí el potro a Falstaff ya. [Le escondí a Falstaff el jaco.] *(Risa sofocada de Hal.)* ¡Aquí...! ¡Aquí!

Falstaff
(Voz, O.S.) *(Grita, pero como si susurrase.)* ¡Hal!... ¡Poins!... ¡Hal!...

[Otro ángulo:]

Falstaff
¡Dadme mi jaco! Seis yardas por camino tal son setenta millas para mí. ¡La peste para los ladrones que no se guardan lealtad! *(Resoplando.)* Si

sigo a fie, for fas tiemfo, ferderé el resuello... [*(Hal avisa con un silbido —en el que hay algo de sorna—.)* ¡La peste para to...dos, pillos!]⁶

[Otro ángulo:]

(Al otro lado de la maleza, escucha, pero finge inocencia.) Bien, creo que yo podré tener buena muerte aún. *(Hal sofoca la risa. Falstaff le oye y habla más alto, pero como si hablara para sí.)* ¡Si es que no me ahorcan por colgar al truhán! *(Risa estentórea.)* ¡Dadme mi jaco!

Príncipe Hal
(Sale de detrás de la maleza.) ¡Ma...las pulgas! ¡Vaya modo de rugir! Échate.

Falstaff
¡Qué te cuelguen si vuelvo a robar! *(Reacciona.)* ¿Qué has dicho?

Príncipe Hal
Échate al suelo y dinos si se oye algún ruido que hagan los caminantes.

Falstaff
¿Trajiste ya las palancas para volverme a izar?

Poins
(Se adelanta.) ¡Llegan! ¡Llegan!

Falstaff
Si puedes, compañero, busca mi jaco, anda.

Príncipe Hal
¿Qué es eso? Yo tu espolique, ¿eh?

Falstaff
¡Que te cuelguen con tus ligas de futuro rey!

Empieza a marchar hacia el camino, hacia los viajeros que se acercan...

---
6   Escrito a mano al lado: «¿Se quita?»

UN VIAJERO
(*Voz, O.S.*) Vamos, vecino; el mozo llevará los caballos colina abajo; bajémosla a pie y estiraremos las piernas.

Su voz es débil y cascada, lo cual enardece a la cuadrilla de Falstaff..., que avanza a hurtadillas...

[*Otro ángulo:*]

PRÍNCIPE HAL
(*A Poins.*) Ned, ¿tienes los disfraces?

POINS
Sí.

Pónense capas sobre sus disfraces de frailes y se calan sombreros de anchas alas.

[*Plano medio: Poins y el príncipe.*]

POINS
Ahora... ellos los roban; y cuando saquen botín, si vos y yo no los robamos, ¡cortadle a Poins el pescuezo!

[*Otro ángulo:*]

FALSTAFF
¡Alto! (*Falstaff salta de su escondrijo y casi mata del susto a los pobres viajeros...*) ¡Alto!

VIAJEROS
¡Jesús mío! – ¡Jesús! – ¡Señor! – ¡Son ladrones! [¡Es la ruina!] – ¡Piedad de estos pobres! [¡Nuestra y de nuestras familias!]

FALSTAFF
(*Sobre los gritos de los viajeros, anima a su cuadrilla.*) ¡Zurrad! ¡Tumbadlos!

NYM
¡Cortad sus cuellos!

BARDOLF

¡Tumbadlos!

NYM

¿Y el oro?

FALSTAFF

¡Temblad, so panzudos! [¡Atadme a esos panzudos!]

BARDOLF

¡Muerte! [¡Fuerte!]

[Plano medio: el príncipe Hal y Poins terminan de disfrazarse.]

FALSTAFF

(*Voz, O.S.*) ¡Venga el oro, cerdos! ¡La vida se ha hecho para nosotros los mozos, vejestorios!

PRÍNCIPE HAL

(*A Poins.*) Y ahora, a robar a ladrones.

Salen de escena hacia el lugar del robo...

[Toma del grupo: Falstaff y su cuadrilla.]

FALSTAFF

¡Ea, mis perros, a hacer lotes! (*Y toma de las manos de Bardolf las bolsas de dinero.*) Y si el príncipe y Poins no son sendos cobardes, ya no hay equidad, y en cuanto a ese Poins, más honesto y valiente es que un ratón.

En esto, el príncipe y Poins surgen de las sombras.

PRÍNCIPE HAL

¡Las bolsas, perros!

POINS

¡Las bolsas!

Falstaff se asusta tanto que deja caer las bolsas del dinero... Bardolf, Peto y Nym escapan al instante... Los viajeros también corren a todo correr, logrando escapar, y el príncipe y Poins se abalanzan hacia los ladrones, apaleándolos... Falstaff es quien sale peor parado... Pero no para de correr y al fin el príncipe se da por vencido y le deja huir...

Príncipe Hal
(Abrazando a Poins y muerto de risa.) ¡Ya huyen los cacos!

Poins
¡Creerán ver guardias por todas partes!

Príncipe Hal
Vámonos, Ned. Falstaff suda a chorros
Y riega el suelo de aquí a la ciudad.

Poins
¿Le oísteis gritar?

Príncipe Hal
(Mientras camina.)
Si no diera risa, daría piedad...

Empiezan a bajar juntos la colina...

(Escena 9) Aposento en el castillo

El rey
¿Nadie puede dar nuevas de mi hijo?
Tres meses pasan ya sin saber de él.

Westmorland
(Después de un penoso silencio.)
Mi rey...

El rey
Bien venido, Westmorland.
(Después de un frío silencio.)
¿Leísteis todos las cartas que os envié?

WARWICK

Así es, mi rey.

EL REY

Os repito que el cuerpo de este reino
Sufre el gran daño de la ruin traición
Que al corazón llegándole está ya...

WESTMORLAND

Dicen que Espuela, con lord Worcester
Treinta mil lanzas tiene...
Aquí está ya lord Blunt, mi rey,
Que llegó a rienda suelta.

BLUNT

Mi rey, los rebeldes suben a Shrewsbury;
Northumberland no está, pero un gran mar de ingleses
Y escoceses sigue a Enrique Percy...

EL REY

(Le interrumpe.)
Ese es hombre valiente, y mi pesar
Es saber que milord Northumberland
Es feliz padre de tan bravo hijo:
Un hijo cuyo honor ponderan lenguas.
De cuanto crece es la más recta planta;
De la fortuna fiel es hora y prez.
Y yo, pensando en su temida espada
Recuerdo el deshonor, ruindad y vicios
De mi hijo Enrique. Si alguien diese pruebas
De que un hada, por juego, los trocó
En sus cunas cuando eran tiernos niños,
Tendría yo a su Enrique, y él al mío...
(Prorrumpe, con un súbito cambio de tono:)
¿Y el príncipe de Gales?

Es un grito de su corazón... Sin saber qué decir, los cortesanos se agitan, muy turbados...

Westmorland
(Inmutado.)
No hay rastro de él, mi rey. [No sabemos, mi rey]

El rey
Haga el Señor, milord, que presto venga...
Estará en Londres: mirad las posadas...
(Sir Tomas Bracy,[7] con un piquete de guardias, se dispone a abandonar el salón del trono... El rey se vuelve hacia otro lado.)
Porque dicen que a diario las frecuenta
Seguido de alocados compañeros
Dignos de él, que se esconden en callejas
Y apalean y roban viandantes;
Pues él, que es un truhán afeminado,
Quiere cifrar su honor en corromper
A esa cuadrilla atroz...

[Cambia a:]

(Escena 10) Una calle de Londres

El príncipe Hal entra en escena galopando, seguido de Poins.

(Escena 10A) Interior de la posada (la bodega)

Falstaff, Bardolf, Peto y Nym se están batiendo para mellar sus espadas y ciñéndose una asombrosa variedad de vendas ensangrentadas.

---

[7] Este personaje, Tomas Bracy, es casi con total seguridad el mismo Juan Bracy que aparece más adelante. Se desconoce el motivo de esta confusión.

Nym
Tengo en estas magras moretones tales que un cardenal puede envidiarme.

Bardolf
¿Moretones? ¡Te puedo mostrar cientos de colores y algunos más!

[La calle frente a la posada de «La cabeza del jabalí».]

El príncipe Hal llega galopando, seguido de Poins... Cuando el príncipe, de un salto, desmonta, Poins le arroja las bolsas de oro.

Príncipe Hal
¡Lindo botín!

(Escena 10B) La sala principal

Entran Hal y Poins.

Príncipe Hal
Lo mejor de esta hazaña va a ser la inconmensurable trola que el barrigón nos cuente. Que ensartó él solo a unos veinte; que lu...chó, pa...ró y extremó su coraje.

Un estridente canto de gallina... Los dos se dirigen hacia el ruido...

[La bodega.]

Falstaff
Emporcad vuestras ropas así. *(Con zumbona sonrisa.)* ¡Y juraréis que es buena linfa!... [¡Y juraréis que es sangre de hombres!]

[Vuelta a la sala principal.]

FALSTAFF
(*Voz, O.S*) ¡Peste a todos los gallinas!

Falstaff viene de la bodega a la cabeza de su pequeña partida de ladrones. Llegan todos desaliñadamente vendados y cuidadosamente desgarrados, golpeados y ensangrentados...

¡La peste a los cobardes, digo, y la vengan...za! ¡Que me traigan vino!
(Se sienta.)

PRÍNCIPE HAL
Salud, Juan. ¿Dónde estuviste?

FALSTAFF
(Finge no reparar en él.) ¡La peste a los cobardes! ¿Es que no hay virtud ya aquí? *(Bebe.)* Así es, viejo Juan; revienta ya; si abunda la hombría por el buen suelo británico, enton... ces soy un arenque seco. Ni tres hombres de bien quedan sin ahorcar; y uno de ellos es viejo y gordo: ¡Dios le ayude!

PRÍNCIPE HAL
(Se vuelve hacia Falstaff.) Oye, colchón.

FALSTAFF
(Como si reparara en él de pronto.) ¡Un rey tú! Si no te echo mañana de tu reino con sólo un junquito, y a tu gente como a una bandada de pajarracos, que no vuelva a salirme barba... ¡Tú un monarca!

PRÍNCIPE HAL
(Sonriendo.) Pedazo de hideputa, ¿qué te pasa?

FALSTAFF
¿Eres un gallina? ¿Lo confiesas? Y Poins, ¿qué es?...

POINS
(Amenazante.) ¿Cobarde yo, seor barbón?

FALSTAFF
(Rápido.) ¿Quién dice cobarde? Que te condenes si he dicho cobarde... ¡Pero cien libras daría por saber correr como tú lo haces!

Príncipe Hal
(Con estudiada ingenuidad.) ¿Qué te pasa?

Falstaff
(Digno.) ¿Que qué pasa? ¿Sabes tú de mil libras que nos han soplado ha poco?...

Poins
¿Dijísteis mil? ¿Dónde están?

Príncipe Hal
¿Dónde están, Juan?

Falstaff
(Indignado.) ¿Dónde están? ¡Las soplaron, dije! ¡Cien contra cuatro pobres hombres!

Príncipe Hal
¿Cien, o has dicho más?

Falstaff
¡He estado luchando con doce de ellos dos horas largas! Logré escapar por un milagro. Diez agujeros en el jubón, por delante; mi broquel, hecho trizas; mi acero hecho una sierra. «¡Ecce signum!».

Bardolf alza su broquel como prueba fehaciente y Nym muestra la espalda mellada de Falstaff... Falstaff señala a sus secuaces...

Falstaff
Ellos saben.

Príncipe Hal
Pues... sí; ¡contadnos!

Bardolf
Cuatro solos frente a doce.

Falstaff
Quince conté.

BARDOLF
Diez bolsas; y al repartírnoslas, como seis o siete más vienen a moler.

PRÍNCIPE HAL
(Con los ojos dilatados por el asombro.) ¡Qué! ¿Peleásteis con todos?

FALSTAFF
¡Ah! No sé a qué dices «todos»; ¡pero sí peleé con más de treinta, o soy un majagranzas! Si no fueron treinta sobre el pobre Juan, es que ya no hay honra en la tierra.

PRÍNCIPE HAL
(Estupefacto.) Pero no habrás despenado a nadie...

FALSTAFF
Ya hice mis víctimas; ya despaché a dos o tres; dos allí los acabé; dos con capas largas. *(Se entusiasma.)* Si te engaño, Hal, si mentira digo, pégame a mí, dime ruin. Estuve muy bien... Seis con capas largas logré tumbar.

POINS
¿Seis?

PRÍNCIPE HAL
(Rápido.) ¿Seis? Tú acabas de decir dos.

FALSTAFF
Seis, Hal; te dije seis. Los seis copáronme, rabiosos contra mí. Ya me vi yo perdido, pues sentí las siete puntas pegar así.

PRÍNCIPE HAL
¿Siete? Pues si acabas de decir seis.

FALSTAFF
(Después de un momento.) ... Capas, ¿no?

POINS
Seis, con capas largas.

FALSTAFF
Siete, por esta hoja, o soy un gran bellacón...

Príncipe Hal
(Aparte, a Poins.) Déjalo estar; se encuentra inspirado.

Falstaff
(Los considera.) ¿Vas a oírme, Hal?

Príncipe Hal
Sí, y a verte también.

Falstaff
Oye, pues esto merece oírse... Los nueve embozados que te he dicho...

Poins
(Aparte, al príncipe.) ¡Psé! Dos más ahora.

Falstaff
...van cediéndome ya; mas yo voy siempre a ellos, como un podenco, ¡y ensarto a unas siete de las once capas!

Príncipe Hal
¡Qué monstruo! *(A Poins.)* ¡Once capas sabe sacar de dos!

Falstaff
Pero algún diablo enredóme y tres malandrines vestidos de verde por mi espalda atacáronme; pues nada se veía, Hal, con tanta negrura...

Príncipe Hal
(Con repentino cambio de tono.) Trolas son cual el padre que fingiólas: ¡gordas cual montañas, burdas, palpables! Y... tú, tripa sin seso, hideputa, belloto, rijoso, cerdo seboso.

Falstaff
(Estupefacto.) ¿Qué escupes? ¿Lo cierto no es cierto?

Príncipe Hal
Qué: ¿notaste el traje verde cuando estaba tan oscuro que no los viste atrás? ¿Qué... dice tu razón? ¿Qué nos dices a eso?

Falstaff se encuentra momentáneamente confundido...

Poins
(Según su costumbre, más incisivo que el príncipe.) ¡Con la razón, sir! ¡La razón!

Falstaff
¿Bajo presión? ¡Cielos, aunque me hallase en el potro, o jadeando en la rueda, nada os diría yo con suplicios!

Príncipe Hal
¡Torpeza tal nunca haré contigo! *(Se acerca a Falstaff.)* ¡Cacho de carne, desloma-pencos, rocín, gordinflón!

Falstaff
¡Pa...ra, so hambrón, so anguila, so esqueleto, so lombriz! ¡Aún me falta decirte lo que eres, un caña hueca, un listón, un gusano, un flautín en... pie! *(Se le acabó el aliento.)*

Príncipe Hal
Respira un rato y sigue el discurso. Y óyeme un momento. A los cuatro os vimos los dos pelear contra cuatro, so embustero. Luego los dos os robamos; y, Falstaff, tú corriste como una gran liebre, y rogaste gracia, y dabas mujidos y chillidos, cual si fueses un burro. *(Los otros se agitan, desasosegados, pero Falstaff permanece muy tranquilo...)* Eres un necio: quitas el filo a tu acero y te dices: «¡Soy Aníbal!» *(Aprovechando su ventaja.)* ¿Qué ardid, qué traza, qué añagaza, te queda aún para intentar lavar tan impúdica vergüenza?

Breve pausa...

Poins
Ea, decidnos; ¿qué ardid os queda?

Falstaff
(Suave.) ¡Por Dios, hijos, si os reconocí en cuanto os divisé! *(Una gran risotada del príncipe y de Poins...)* ¿Al delfín mi señor yo iría a matar? ¿A un tan regio infante tumbar? Tú sabes que soy más valiente que Hércules; pero ¿y el instinto? El león no toca a un príncipe, el instinto es un gran maestro; y yo he sido cobarde por instinto. *(Con un rápido cambio de tono.)* ¡Mas por Dios, hijos, que si me guardáis las bolsas!...

La Señora Yesca irrumpe por la puerta que da al exterior.

Señora Yesca
¡Ay, Jesús, príncipe mío!

Príncipe Hal
Decidme, ¿qué os sucede?

Señora Yesca
Perdón, milord, es que hay un capitán de la corte que quiere hablar con vos; es orden de vuestro padre.

Una pausa cortísima antes de que el príncipe replique...

Príncipe Hal
Dadle mi parabién, mil o más zalemas, y que lleve un saludo a mi madre.

Poins
(Aparte.) Debiérais acudir a verlos.

Falstaff
¿Qué pinta exhibe el nene?

Señora Yesca
Es ya viejo.

Falstaff
¡Pues ya debiera estar en cama el abuelete!

Poins
¿Le digo que acudiréis?

Príncipe Hal
Sí, Ned.

Sale Poins.

Falstaff

Echad cerrojos; velad hoy, pedid mañana. Galanes, niños, pillos: sois lo mejor. *(Le asalta una idea.)* ¿Que...réis oírme burlas? ¿Que os represente una comedia?

Mozas

¡Comedia! ¡Comedia!

Paje

(Bailando.) ¡Comedia!

Falstaff

Te increparán con malicia mañana cuando veas a tu padre: tienes tiempo, piensa qué dirás.

Príncipe Hal

(Siguiendo la ocurrencia.) Sé tú como mi padre...

Falstaff

¿Quieres? De acuerdo: aquí ves mi trono, y mi cetro. ¡Y este cojín, mi corona!

Colocan la silla sobre la mesa y Falstaff sube a su «trono», encasquetándose el cojín en la cabeza... Todos se asoman a ver «la comedia». En las rústicas galerías de madera se acomoda un público harapiento de lacayos, criados y «mozas» de la señora Yesca...

Público

¡Viva, viva! – ¡Comedia! – ¡Hay comedia, señora Yesca! – ¡Vamos, no empuje, seor truhán! – ¡Presto, a coger sitio! – ¡Las manos quietas! – ¡Santa María! – ¡Sir Juan parece el rey Pepino! – ¡Ya! – ¡Ya! – ¡Callad! – ¡Chist! – ¡Chist!

Vuelve Poins.

Poins

(Al príncipe.) Era sir Juan Bracy[8]; vuestro padre... tuvo celosos avisos: ese bravo loco del norte, Percy.

---

8   Anteriormente se señaló cómo este personaje es llamado a veces «Tomás» y otras, como aquí, «Juan». La frase que pronuncia Poins en la película es «Here was sir Thomas Bracy from your father», pero en *Enrique IV* Shakespeare escribió: «Here was Sir John Bracy from your father».

Príncipe Hal
¿Ese que me acogota a siete escoceses antes de almorzar, se asea y dice a su dama: puf, qué aburrido, hay que hacer algo?

Falstaff
Hal, otro enemigo cual ese en este mundo, cual ese vil Percy, que es la Espuela del norte... ¿No se te enfría la sangre? ¿No sientes horrible temor?

Príncipe Hal
Ni un tantico, a fe; carezco de tu instinto.

Falstaff
(Cambia el tono.) Dame [Dadme] un trago para atufarme los ojos, que se me vean casi aguados; pienso mover a piedad. *(Sube al trono. Parodia toscamente al rey Enrique.)* Enri...que, no sólo nos pasma verte perder tu tiem...po, sino con quiénes, ay, lo pierdes...

Señora Yesca
(Transportada de admiración.) ¡Ay, Jesús! ¡Qué se quite cualquier cornudo de comediante que viera una!

Falstaff
(A la señora Yesca.) Bravo, mi amor; bravo, diosa mía... *(Dirigiéndose a Hal, reanuda su «representación».)* Que tú eres mi hijo, lo sé porque tu madre es fiel, porque es mi real opinión; pero más aún por un guiño de tu ojo y una imbécil caída del belfo que son claros para mí. Y así, si mi hijo eres, mira en eso el mal; ¡si me quieres bien, no seas tan pícaro! Te diré algo, Enrique, de cierto unto, cuyo nombre es brea. Pues ensucia igual que la compañía en que vas... *(Cambia de tono.)* Sólo... sé de un hombre ejemplar que con frecuencia he notado en tu compañía, pero ignoro su nombre...

Príncipe Hal
¿Qué especie de hombre? ¿Recuerda vuestra majestad?

Falstaff
Un hombre guapo, a fe, de gran corpulencia; de aspecto y mirar afables, sí, y de muy noble aire; a...ños, quizá u...nos cincuenta. *(Rápido.)* O

puede que cerca de sesenta... ¡Ahora viéneme el nombre, se llama... *(Todos terminan la frase.)* Falstaff! Si ese hombre es libertino, diré que harto engañóme, pues... nóto... le la virtud en sus ojos. ¡Retenlo! Los otros... ¡Fuera!...

Príncipe Hal

¿Así hablaría un rey? *(Lo empuja y le echa del «trono».)* Haz tú este papel, y yo haré mi padre.

Falstaff

¿Depónesme?

Príncipe Hal

Ya estoy sentado.

Falstaff

(Comienza a arrodillarse, pero cambia de idea.) Ya estoy de... pie.

Príncipe Hal

(Con profundo y trágico tono.) Enrique, ¿dónde andas?

Falstaff

(En falsete.) Mi noble lord, por Eastcheap.

Príncipe Hal

Tus torpezas y errores son graves.

Falstaff

¡Bah, milord! Todo es falso. *(Aparte, a los demás.)* No hagáis caso, esperad al fin.

Príncipe Hal

Te sigue un diablo gordo, con la cara de un viejo barbón; un tonel viejo es tu compadre. ¿Por qué te arrimas a un arca de bubas, a un baúl lleno de pecados, a un grueso fardo hidrópico, a un jamón borracho, a un sopla-tripas, a un tardo buey sin huesos, al disfraz falso de la iniquidad, al padre rufián, al vicio entrado en años? {¿A qué te enseñó, más que a trincar del jerez? ¿En qué es diestro y sagaz, más que en devorar pollos tiernos? ¿En qué es ducho, más que en tretas? ¿En qué es sabio, más que en villanías? ¿Y en qué es villano? Pues en todo. ¿Y en qué es digno? Pues en nada.}

Falstaff
(Con aire de enorme inocencia.) Si vuestra gracia no me aclara... ¿Qué hombre es ése?

Príncipe Hal
Un bellacón y un malvado que a mi hijo descarrió...

Todos
(Terminan con él.) ...¡Falstaff!

Príncipe Hal
...¡Esa cabra de Satán!

Falstaff
(Con gravedad.) Milord, sé quién es...

Príncipe Hal
No lo dudo.

Falstaff
Mas decir que sus vicios engendran los míos, es cosa muy incierta. Que él es viejo, lo muestran para su desgracia sus canas; mas que sea, y perdonad, viejo Satanás, yo del todo lo niego. Si trincar y comer son faltas, ¡Dios nos ayude! Si ser viejo y jovial es pecado, de muchos sé yo que estarán condenados; si la tripa va a ser pecado, hay frailes que serán quemados. No, majestad: fuera Peto, fuera Bardolf, fuera Poins; pero al gentil Falstaff, gachón Falstaff, leal Falstaff, valiente Falstaff, tanto más valiente por ser el viejo Juan Falstaff, ¡mantenedlo junto a Enrique, pardiez! ¡Mantenedlo junto a Enrique, pardiez! Pues expulsado, perderé todo.[9]

Príncipe Hal
Lo hago y... lo haré.

Señora Yesca
(Voz, O.S.) ¡Ay, Jesús, milord!

---

9   Con una flecha dirigida a la frase: «¡Mantenedlo junto a Enrique, pardiez!», Buero añade a mano: «¿Se repite la frase?»

FALSTAFF

Pero ¿otra vez?

[Otro ángulo:]

SEÑORA YESCA

¡Milord! ¡Milord!

PRÍNCIPE HAL

(*Voz, O.S.*) ¿Qué os pasa? [¿Qué sucede ahora?]

FALSTAFF

Prosigamos: tengo aún mucho que decir por el noble Falstaff.

SEÑORA YESCA

El alguacil y sus guardias están dentro; ¡quieren «rigistrar» todo!

[Serie de tomas: todos escapan precipitadamente. Interior. Alcoba.]

PRÍNCIPE HAL

(*A Bardolf.*) Que entre el alguacil. (*A Falstaff.*) Sal tú, Juan. (*A los demás.*) Oíd, bribones: bueno el semblante y clara conciencia.

FALSTAFF

Pues los dos tenía yo; pero ya hace años y debo esconderme.

Una pausa expectante al entrar el alguacil con gente armada...

PRÍNCIPE HAL

(*Con regia dignidad.*) Bien, maese aguacil, ¿qué deseáis de mí?

ALGUACIL

(*Con gran respeto.*) Dispensadme, milord... (*El príncipe no dice nada.*) Se cree que ciertos pillos se han refugiado en la casa.

PRÍNCIPE HAL

(*Glacial.*) ¿Cómo? (*Retrocede hacia la galería del salón principal.*)

####### Alguacil

(Siguiéndolo.) A uno de ellos se le ha visto, es uno... gordísimo.

####### Uno de los viajeros

(Se adelanta.) Un barrigudo.

####### Príncipe Hal

(Digno.) Y bien, yo os aseguro que no es... tá aquí. *(Una pausa...)* Gracias. Os podeis ir cuando queráis.

####### Alguacil

A vos, milord...

Se va... Hal salta de la cama. (?)[10]

####### Príncipe Hal

(A media voz, a Poins.) Iré a la corte. También de...bemos hacer la guerra.

####### Poins

¿No notáis corriente?

Falstaff sale cautelosamente de su escondite justo a tiempo de oír sus palabras... Ya en la puerta, el alguacil se vuelve.

####### Alguacil

(Titubea.)
Aquí hay dos señores
A quienes robaron trescientos marcos.

####### Príncipe Hal

(Con firmeza.)
Un mal paso: si ese hombre les robó
El responderá de ello... Dios os guarde.

El alguacil sale con sus guardias y los viajeros.

####### Alguacil

(Se vuelve de nuevo, desconcertado.)
Feliz noche, milord.

---

10   Es Buero Vallejo quien introduce este signo de interrogación entre paréntesis. La acotación no figura en el texto enviado a la censura. Y en la película el príncipe no da ese salto.

Príncipe Hal
Querréis decir un feliz día, ¿no?

Alguacil
(Lo piensa.)
Cierto, milord, que ya deben ser las dos.

Por toda respuesta, Hal cierra la puerta y corre el cerrojo.

Príncipe Hal
Ven, Ned.

Falstaff
Habrá que guerrear, ¿eh?
¡Yesca, mis fiambres!

Señora Yesca
¿Fiambres? Debeisme mucho, sir Juan...

Falstaff
Largo.

Señora Yesca
(Se revuelve.) Y os presté harto... más: ¡veintitrés libras!

Falstaff
¡Rata, sal!...

Señora Yesca
(Rápida.) ¿Rata? ¡No soy rata! Soy una honrada mujer; y aunque seáis un caballero, tú eres una «calomidad».

Falstaff
Y aunque tú una mujer seas, tú eres la bestia que tú sabes.

Señora Yesca
¿Yo una bes... tia? ¿Cuál, di?

####### Falstaff

Ah, pues, u... na nutria.

####### Príncipe Hal

¿Qué dices, sir Juan? ¿Una nutria?

####### Falstaff

Ni... carne ni pescado; no hay manera de comerla.

####### Señora Yesca

Que te hagan cuartos por mentir así; ¡tú y cualquier hombre sabríais comerme, cochino!

####### Príncipe Hal

Eso es cierto, Yesca; os denigra con malicia.

####### Señora Yesca

Igual que a vos, milord; dijo que debíaisle cien libras.

####### Príncipe Hal

(Se vuelve hacia Falstaff.) Juan, ¿yo te debo a ti cien libras?

####### Falstaff

¡No cien libras, Hal! ¡Un millón! Tu amor ya vale un millón; ¡tú débesme amor!

Risa...

####### Príncipe Hal

Bien... parlas, bien; trabajo fuerte es ser tu ángel guardián...

####### Señora Yesca

Milord, dijo que érais un asno y un cuco, y que había de zurraros.

####### Príncipe Hal

(Duro.) ¿Osas tú mantener eso ahora?

####### Falstaff

Sí... an...te el hombre; ante el... príncipe, temo tanto como ante el cachorro de un gran león.

Príncipe Hal
¿Y no igual que ante un león?

Falstaff
Al rey sí se le toma miedo cual al león... ¿Crees que he de temerte yo como a tu padre?

Hal lo mira inexpresivamente por un instante... Luego sale aprisa, diciendo a la señora Yesca:

Príncipe Hal
Se os pagarán las veintitrés libras y más aún.

Falstaff se halla ahora en una de las alcobas... Dora Lirón se despereza y se despierta.

Falstaff
(Le grita al príncipe, riendo.) No, nada de devolver plata, eso es doble labor...

Dora Lirón
¡Qué os cuelguen!

Falstaff
Dora...

Dora Lirón
¡Que os ahorquen, tripas de cerdo! *(Una pausa... De pronto le da lástima, se levanta del lecho y rodea con sus brazos al viejo... Cariñosa:)* Discúlpame, Juanito; te vas a tus guerras; y si han de tornar a verse Juan y Dora o no, ¿quién lo sabrá decir?

Falstaff oye ruido de caballos y se acerca a la ventana.

(Escena 10C) La calle frente a la posada

Al asomarse Falstaff a la ventana, el príncipe se vuelve desde su caballo y le grita un adiós.

PRÍNCIPE HAL
¡Adiós, panzón! ¡Adiós, rosa de invierno!

[Vuelta a la escena:]

Falstaff le ve alejarse...

(Escena 11) Las puertas del castillo (Ávila-F.G., miniatura)

[Una diminuta figura, empequeñecida por las enormes puertas; el príncipe entra en escena cabalgando, se apea y se adelanta hacia:]

(Escena 11A) El castillo

EL REY
(Severo.)
Percy, Northumberland,
El arzobispo de York, con Douglas, Mortimer,
Levantáronse ya contra nosotros.
(Calla. Mira a su hijo con repulsión...)
Pero ¿por qué he de darte nueva tal?
(Hal está despeinado y parece a los fríos ojos de su padre haber pasado muchas noches de disipación...)

Quizá te halles ya tú, por temor,
Por tu rencor o tu natural vil,
Dispuesto a rebelión si Percy paga;
Y a seguir sus talones cual un perro
Y zalemas hacerle cuando grite.

Príncipe Hal

No, majestad.

[Salón del trono.]

El rey

(Le corta la palabra y dice a los demás.)
Dejadnos solos... El príncipe y yo
Vamos a hablar de un grave caso...
(Los lores salen, inclinándose ante la real presencia... El rey se queda solo con su hijo... Después de un silencio:)
Yo no sé ya si Dios quiso ordenar
En su juicio secreto, que en mi sangre
La venganza me aceche, y que tu mal
Dé pena a mis miserias. ¿O podría
Otra la causa ser de que eligieses,
Sin fe, ni amor, ni ley, ni majestad,
Que el vicio más horrendo y gente ruin
Te acompañasen en tu alegre vida?

Príncipe Hal

Si vuestra majestad...

El rey

(Le corta, elevando la voz.)
Si hubiese yo viajado por el país
Cual un vulgar rocín de los caminos
Y corrido con bajas compañías,
La opinión, que sentóme en este trono,
Tendríame ya depuesto por la fuerza...
(Se ha levantado mientras hablaba y baja hacia su hijo...)
No se ama al rey que es torpe o es truhán,
Que se distrae con tristes bufonadas

Manchando el real honor entre bribones,
Y al que acompañan locas ramerillas;
Que así al desdén ocasión da, por necio,
Y no es más que lo que es el cuco en junio:
Oído, no escuchado, y visto tanto,
Que ya lo miran con la vista hastiada;
Y pues que nada extraordinario hallan
El sol no ven de aquella majestad.
Y en ese punto justo, hijo, estás tú:
Pues tú has trocado magnos privilegios
Por fama atroz, y para ti no hay ojos
Que no se hayan cansado de mirarte,
Salvo estos, que han deseado verte más.

Ofendido por tan duros improperios, Hal se disculpa con fría gravedad:

Príncipe Hal

En adelante, mi rey y señor,
Me enmendaré.

El rey mira a su hijo con fría desesperanza...

El rey

Para todos,
Lo que has sido hasta hoy, Ricardo lo era
Cuando por Francia vine a Ravenspurgh,
¡Y lo que yo era entonces, Percy lo es!
Él –por mi cetro que es mozo sin par–,
¡Tiene más leal interés en el reino
Que tú!

Es demasiado: el príncipe le interrumpe, exaltado.

Príncipe Hal

¡No, no, eso no! ¡Yo os digo que eso, no!
(Después de un momento continúa, dominándose, pero aún con gran calor:)
Yo le he de arrebatar a Percy su honra,

Y en el ocaso de algún día glorioso
Probaré ante mi rey que soy su hijo;
Y será un feliz día, y a su luz,
Ese tan renombrado gentilhombre,
Ese audaz capitán, que Espuela dicen,
Y vuestro atroz Enrique, se han de ver:
¡Y haré a ese mozo nórdico trocar
Su dignidad por mis indignidades!
(El rey, frente a él, escruta su rostro... Después lo rebasa y va hacia la puerta.)
¡Esta, en nombre de Dios, es mi promesa!

El rey se detiene y se vuelve a mirarlo, aún no convencido...

El rey

(Es una fría orden.)
El conde de Westmorland se marcha hoy,
Y tú, Enrique, saldrás de aquí a tres fechas.
(Se vuelve, y al salir...)
Otros graves trabajos nos aguardan...

(Escena 12) Calles de Londres

[Serie de tomas: soldados, caballeros, jinetes y partidarios... Todos se aprestan a la guerra; algunos ya están dispuestos a galopar hacia el campo de batalla... Mujeres y muchachas los despiden y vitorean desde las ventanas...]

Soldados

Mi caballo es duro de boca. – ¡Eh, vosotros, en marcha! – Ted, mira el puñal que me he mercado. – Lo menos te costaría una libra. –¡Preciosa, no me olvides! – ¡Volveré! – ¡Aprisa, aprisa!...

El gentío

– ¡Viva el rey Enrique! – ¡Vivan los fieles soldados del rey! – ¡Adelante, muchachos! – ¡Rezaremos por vosotros! – ¡Cuídate, hijo! – ¡Valor! – ¡Aplastad a los rebeldes! – ¡Qué Dios os ayude! – ¡Dios salve al rey!...

Al iniciar su campaña militar, Falstaff cambia saludos con varias de las muchachas...

El gentío y Falstaff

Aguárdame, florecica... – Oiréis hablar de mí... – Adiós, corazón... – Adiós, sir Juan... – Sir Juan, que Dios os guarde...

[Vista de gusano: Dora Lirón en su ventana.]

Dora Lirón

¡Juan!... ¡Juan!... ¡Qué el Señor os guíe!

La mano de un hombre la arrastra hacia el interior del aposento.

[Otro ángulo: la calle.]

El anciano lord juez Mayor entra en escena justo en ese instante. Falstaff se vuelve para escapar y de repente se encuentra solo.

Lord juez Mayor

¿Quién es el que huye?

Ayudante

Falstaff, si os place, señoría.

Lord juez Mayor

¿Aquél que acusaron por un robo? Traédmelo aquí.

Falstaff

Ya está. No tengo suerte. ¡Ah, mi señor el juez! Oí que se hallaba en el lecho. Soy feliz de encontraros bien de salud. Vuestra señoría es mozo aún, y debe empeñarse en seguir siéndolo y en cuidarse a su edad. Suplico a vuestra señoría que se cuide bien su buena salud.

Y escapa a toda prisa.

[Otro ángulo:]

FALSTAFF
Milord Westmorland, ya os hacía yo de arribada en Shrewsbury... {Ah, milord Westmorland, creía yo que estábais ya de arribada en Shrewsbury...}[11]

WESTMORLAND
Debiera ya estar allí, y con vos.

Bardolf, Nym y Peto entran en escena, seguidos del «ejército harapiento»...

BRACY
(Con toda la diplomacia posible.) Sir Juan, vuestros soldados quizá estén un poco mal...

WESTMORLAND
(Riendo.)
¡Señores, qué estantiguas!

FALSTAFF
Si no siento rubor de mis soldados, soy una anguila. *(Con un guiño y amagando un codazo.)* Los propietarios se rescatan. Si dan plata los libro, conque mi escuadrón consiste en segundones sin capital, y borrachones, con otros gallofos; los chancros de una cómoda y larga paz.[12]

WESTMORLAND
(Le interrumpe.)
Falstaff, es menester salir,
El rey está aguardando muy allá.

{FALSTAFF
¡Qué! ¿Es que el rey ya acampó?

WESTMORLAND
Así es, sir Juan. Apresuraos a alcanzarlo.} [13]

---

11   Esta variante la escribe Buero a mano y la acompaña de signos de interrogación.
12   Al margen escribe Buero: «¡La leva que hice sé que es bien horrible!», precedida de un signo de interrogación, lo que hace pensar que no sabía dónde debía insertarse esta frase dentro de esta intervención de Falstaff
13   Frases escritas a mano y, de nuevo, acompañadas por un signo de interrogación.

Espolea a su caballo y sale al galope; los demás le siguen... Falstaff grita:

Falstaff
¿Va ahí el príncipe?

Vuelven el obispo y el lord juez Mayor.

Obispo
¡El príncipe! Siempre se os halla tras de él, cual su diantre.

Lord juez Mayor
Falstaff, habéis maleado al príncipe.

Falstaff
¡Fue él quien me reventó a mí!

Lord juez Mayor
Cierto que yacéis en gran infamia. Con medios muy escasos y grandes gastos.

Falstaff
¡Ojalá fuera al revés! *(Aclara la chanza.)* O sea mis medios grandes y mi talle chico...

Bardolf
(A Pistolo, prosiguiendo su eterna disputa.) ¡Porra!

Pistolo
¡Porra a ti, so pachón, lanas sucias!

Nym
Vamos. Hemos de ir a guerras juntos; ¿a qué diablos usar dagas contra nuestros gañotes?

Pistolo
¡Ah, víbora! ¡Soy Pistolo y cargo mi arma y te mando fuego!

Bardolf
(Entre la espada y la pared.) Págame los seis chelines que te gané a bolos.

PISTOLO

¡Vil esclavo es quien paga...!

BARDOLF

¡Cerdo!

[Otro ángulo:]

LORD JUEZ MAYOR

No hay ni una cana en ese cuerpo
Que a ser serio no os fuerce y empuje.

FALSTAFF

A ser más bien sebo, sebo, sebo.
Milord, los ancianos no consideráis la fuerza de la juventud.

LORD JUEZ MAYOR

(Estupefacto ante su descaro.) ¡Falstaff!

FALSTAFF

Y es que medís nuestros calores con la aspereza de vuestra hiel.

OBISPO

¿Inscribís vuestro nombre entre los mozos?

LORD JUEZ MAYOR

¿Vos? ¿Qué estáis inscrito cual anciano entre los que son viejos?

OBISPO

¿El ojo no os mana? ¿No tenéis ijada o gota?

LORD JUEZ MAYOR

¿Cano el pelo?

OBISPO

¿Nalga arrugada?

LORD JUEZ MAYOR

¿Y tersa la panza?

OBISPO
¿Y aquesta voz bronca? ¿Y el resuello?

LORD JUEZ MAYOR
¿Mentón doble?

OBISPO
¿Sesos simples?

LORD JUEZ MAYOR
¿Y el cuerpo bien devorado de vuestra senectud? ¿Querréis aún que os digan niño?

FALSTAFF
Milord, ya de pequeño estaba tal cual hoy, nací con cabellos blancos y algo barrigonzuelo. *(Suave, al obispo.)* Pues mi voz, se ha roto de vitorear y cantar los himnos.

NYM
Sir Juan, tenéis que reclutar por los otros condados más soldados y hay que salir ya.

FALSTAFF
Tráeme vino, Bardolf. ¡Sus, caporal Nym! [Y ahora, ¡en marcha, Nym!]

OBISPO
Sed... modesto, modesto. Que Dios proteja a vuestra gente.

FALSTAFF
¿Vuestra gracia me daría unas mil libras de ayuda?

OBISPO
Ni una pieza, ni una pieza. [Ni un penique, ni un penique.] Seguid bien.

FALSTAFF
(Al juez Mayor.) ¿Milord?

LORD JUEZ MAYOR
(Rápido.) ¡Ni una pieza! [¡Ni un penique!]

Se va renqueando... Falstaff lo ve partir y se vuelve hacia su cuadrilla.

FALSTAFF
Bardolf...

BARDOLF
Sí, capitán.

FALSTAFF
Tráeme un botellón de vino.

BARDOLF
¿Queréis darme plata, capitán?

Falstaff lo mira. Sale para la guerra...

(ESCENA 13) EL CAMPAMENTO REBELDE

ESPUELA
(Reconoce a quien llega.)
¡Ah, sir Gualterio Blunt! Si Dios quisiese
Que llegáseis de aliado y no enemigo...

BLUNT
Aun si Él os mueve, no os seguiré yo
Si desdeñáis los límites y ley
Del reino de la ungida Majestad.

Espuela va a contestar, pero Worcester lo contiene con un gesto

WORCESTER
(A Blunt.)
Os excedéis...

BLUNT
Si nuestro rey
Ha olvidado excelencias y virtudes,

Os pide lo digáis, que sin demora
Tendréis con creces honra y dignidades,
Y el perdón absoluto...

Espuela

(Le interrumpe.)
¡Sí que es gentil! Sabe bien nuestro rey
Cuándo hacer la promesa, cuándo el pago;
Mi padre, con mi tío, y yo con ellos,
Lo elevamos al trono donde está...

Blunt

(Voz, O.S.) (Le corta.)
¡No vine a escuchar eso!

Espuela

¡Ya lo acabo!
Algo después de que depuso al rey
Ordenó que la vida le quitasen;
Faltó a sus juramentos, delinquió
Y contra sus traiciones ya no queda
Sino ir a pelear...

Blunt

¿Es eso lo que contestáis al rey?

Espuela

Mi tío audiencia rogará,
Y hablará por mí. Y ahora, adiós. Partid.

Por la dirección opuesta entran a caballo los lores Vernon y Grey seguidos de una pequeña escolta de jinetes...

Blunt

(Tras un redoble que se oye.) Debiérais aceptar la oferta real.

Worcester

(Con diplomacia.) Tal vez pudiera ser.

Blunt
Pues Dios lo quiera.

Se vuelve y sale al galope...

[Contracampo: el pequeño grupo de rebeldes lo ve partir...]}[14]

Espuela se dirige con gesto esperanzado a Grey y a Vernon, que entran en escena...

Grey
(Se apea.)
El conde de Westmorland, con sus huestes
Avanza, y con él va el príncipe Juan.

Espuela
Claro: ¿qué más?

Vernon
También hemos sabido
Que el rey se ha puesto en marcha y llega aquí.

Espuela
¡Será bien recibido! ¿Y dónde están
Ese fatuo del príncipe de Gales
Y su cuadrilla, que podrida está
De presunción?

Grey
(Profiere.)
Las tropas que el rey trae excédennos:
{Y es fuerza toda en armas}
¡Primo, teneos, aguardad refuerzos!

Espuela
¡Ah, guerreros la vida es siempre corta!

---

14 Buero marca toda esta larga escena y escribe al margen «¿Se quita?».

Saborearla es trabajo más que largo.
La vida está sobre un cuadrante fija
Y se agota en el tiempo de una hora.
¡Si he de vivir, he de luchar con reyes!
¡Si he de morir, conmigo han de caer!

Los demás sonríen, turbados y sin saber qué decir... Un silencio...

[Cambia a:]

(Escena 14) La casa de Cero

David, saltarín y joven criado del juez Cero, abre la puerta a Bardolf...

Bardolf
(Asoma la cabeza.) ¿El juez Cero?

Cero
(Se adelanta.) Sí, Roberto Cero, se...ñor, vecino del condado y uno de los reales jueces de paz.

Bardolf saluda al desgaire y sin modales.

Bardolf
Mi capitán os da parabienes; mi capitán sir Juan Falstaff, un gentilhombre muy alto y un jefe valeroso.

Cero
¡De gran valor, sir; de gran valor, sir! ¡David!

Silencio
(Tartamudea.) Creo que viene a... llevarse... llevarse...

David entra dando brinquitos.

Cero
(A su criado.) Dime tú... Dime tú... ¿Y la lista? ¿Y la lista?

Silencio
(Logra terminar.) Soldados. Llevarse soldados.

Cero
David: ni los mires, David... *(En un susurro.)* ¡Porque son terribles lenguas de hacha!

David
Entonces que se apliquen su hacha, pues traen espantosa facha.

Cero
(Risilla nerviosa.) ¡Bien traído eso, David! Ojo, llega sir Juan. Aprisa, vete, David...

Entra Falstaff.

Cero
¡Las manos, señor! ¡Las manos presto me dad! ¡Querido sir Juan!

Falstaff
Huélgome de hallaros bien, sin par Roberto Cero. Por Dios, que tenéis aquí un lindo y suntuoso hogar.

Cero
Pobre, pobre, pobre; pobretes, sir Juan. Ahora veréis mi huerta, y en el cenador gustaréis unas camuesas que me injerté yo, y unas cebollas tiernas...

Falstaff
¿Tenéis previstos mis galopes? ¿Es gente bien capaz?

Cero
Hecho, hecho, sir...
(Señala a la mesa y las sillas colocadas bajo los árboles.)
Qué, sir, ¿os sentáis?
¡La lista, David! ¡David!

Sale presuroso.

Falstaff
Roberto Cero... Um... *(Continúa, hablándole ahora a Nym.)* En la escuela de San Clemente guardaba posos y sobras de la comida; era, desnudo, tal como un junco, o cual rábano hendido, con una fantástica chola bien labrada a cuchillo; era el espíritu del hambre, pe...ro rijoso cual un mono. Y ahora esta cabra del demonio posee reses y campos... *(Mira a todos lados, buscando indicios de la riqueza de Cero.)*

[Antecámara.]

David
¿El caballero hará noche aquí?

Cero
No sé, mas... cuídalo: amigo en corte más te hace que penique en la bolsa.

[Vuelta al salón principal.]

Lee, primo y que vayan llegando.

Los ojos de Falstaff se fijan en la figura de esfinge del juez Silencio...

Falstaff
Maese... em... Agudo, ¿no es eso?

Silencio va a contestar.

Cero
(Rápido.) ¡Silencio!... Sir Juan, es el primo Silencio, que trabaja conmigo.

Falstaff
¡Oh, maese Silencio! El nombre es bien digno de un juez de paz.[15]

¡Al juez Cero le parece un excelente chiste!

---

15 Buero rodea la exclamación «¡Oh!» y añade al margen, entre paréntesis: «Ya estaba. ¿Se quita el ¡oh!?»

Cero
(Da un codazo a Silencio y ríe.) ¡Este sir Juan! ¡Siempre es así!

Silencio
(Fúnebre.) Vuestra señoría... es... es...

Cero
¡El que le rompió a Skogan el cráneo en el atrio, y no era ni así de alto! Y aquél mismo día zurró bien a un tal Sansón Soplillo, un frutero, por sisarle... *(Con un suspiro placentero.)* ¡Jesús, Jesús, tiempos que se han ido!

Falstaff
(Con resignada paciencia.) Bien, maese Silencio: a ver los [esos] hombres.

Cero
(A Silencio.) Cítalos por su orden: adelante, adelante, adelante.

Silencio
(Lo intenta.) Juan Vr...V... V...

Cero
(Le apunta.) Verdín... *(Verdín se adelanta y se sitúa de pie ante ellos. Su aspecto es lamentable...)* ¿Os sirve, sir Juan?

Falstaff mira fijamente al recluta como si no viera nada. David le trae a Cero de beber. Falstaff mira la copa, sediento.

Falstaff
(Después de un momento.) ¡Fuf! Señores, qué bochorno.

Cero
David, dale a sir Juan vino.

Falstaff
(Con un suspiro de alivio.) Verdín...

Verdín
¿Qué?

FALSTAFF
(*Brinda en honor de Verdín.*) Ya es tiempo de airearte.

CERO
(*Cayendo en el chiste.*) ¡Ah! ¡Verdín! (*Risa convulsa.*) ¡Si se cría verdín, aire! (*Codazo a Falstaff.*) ¿Eh, sir Juan?

FALSTAFF
Vale. [Pinchad.][16]

CERO
(*A Silencio.*) Vale... [Pincha...]

VERDÍN
Yo estoy débil, me canso...

CERO
Vale. [Pincha.]

VERDÍN
¿Quién le hará a mi vieja ahora las faenas de la labranza y de nuestra casa?...

CERO
(*Le corta la palabra.*) Cállate, Verdín. ¿Y Tomás Grano? [¿Está Tomás Grano?] (*Grano se adelanta.*) ¿Os sirve Grano? [¿Hay que pincharlo?]

FALSTAFF
Este no me vale; es un pellejo fofo: pase su vez. ¿Otro? [¿para qué pincharlo? ¡Otro!]

CERO
Simón Sombra...

VERDÍN
¡Aquí hay otros hombres mejores que yo!...

CERO
(*Voz, O. S.*) Ponte a un lado.

---

16 Justo antes de este parlamento de Falstaff, Buero Vallejo escribe: «De aquí en adelante, "pinchar" o "valer", según la imagen acuse el punteado en la lista de Silencio o no».

Falstaff
¿Sombra?

Sombra
Está...

Falstaff
Tómola y me siento a ella. ¿Otro?

Cero
(No puede con la risa ante la brillantez de esta nueva salida.) ¡Sí que lo haréis, sir! ¡Sí que lo haréis!

Falstaff
Vale. [Pinchad.] ¿Otro?

Cero
Paco Flojo...

Falstaff
¿Y qué haces tú, Flojo?

Flojo
(Que se adelantó.) Yo soy modisto, sir.

Falstaff
¿Y sabrás abrirle ojales al enemigo mejor que a las enaguas de tus parroquianas?

Flojo
Haré lo más que pueda: no hay que exigir más.

Falstaff
¡Eso es, ejemplar sastre! ¡Eso es, gallardo Flojo! Tendrás más rabia que un ratón rabioso o que el más magnánimo pichón. Otro... Me llevo al feroz sastre, [pinchadme al feroz sastre,] maese Silencio. Sí, [Him,] maese Silencio. ¿Otro?

Cero
Pedro Becerro del Cerro...

BECERRO

¡Señor sir!

{FALSTAFF

Vamos, pinchadme al Becerro ese hasta que brame...

BECERRO

(Con un gran bramido.) ¡Señor sir!}[17] ¡Tengo el más horrendo mal!

FALSTAFF

¿Qué te sucede?

BECERRO

La tos, sir, la tos, sir; la agarré por tocar a [repicando a] Gloria en las fiestas por la coronación del rey.

FALSTAFF

¡Curaremos tu tos! {¡Y ya se arreglará que alguien repique aquí por ti!} Vale... [Pinchad...] ¿Son todos?

CERO

Ya son más de los que indicabais, sir.

{FALSTAFF

Caporal Nym...

NYM

Sí, capitán...

Falstaff se vuelve hacia Silencio.

FALSTAFF

(A Silencio.) ¿Qué hombres tendré al fin?

SILENCIO

Pppp...

---

17   Escribe al margen Buero, rodeando las frases que figuran dentro de las llaves, «¿Se quita?». Y, a continuación, de nuevo con un signo de interrogación, este añadido a la intervención de Falstaff tras serle presentado Becerro: «¡Qué! ¡No irás tú a bramar sin que te pinchen!». Probablemente el dramaturgo no sabía si estas palabras debían figurar en este punto o justo después de la pregunta de Falstaff a Becerro «¿Qué te sucede?», un poco más abajo.

Cero

Los cuatro que os plazcan, sir.}[18]

[Interior. Establos.]

Becerro

(A media voz.) Seor maese corporal capitán, sir.

Nym

Largo.

Becerro

(Le ofrece dinero.) Quiero antes, que me cuelguen, que ir a las guerras...

Verdín

(Que también se acerca con dinero.) Seor maese capitán...

Becerro

Cuatro onzas doy en coronas francesas, tened.

Nym

(A Becerro.) Cállate. [Apártate.]

Verdín

Yo os daré veinte, sir. Mi vieja espera... Y nadie puede ayudarle en nada si me largo yo con vos; ya es una anciana y está impedida.

Nym

Cállate. [Apártate.]

Se vuelve ahora hacia los otros.

Flojo

Sea lo que quiera, digo, que quien caiga este año no muere el otro.

Sale, caminando con aire marcial.

---

18   Al margen, escrito a mano: «¿Se quita?»

[Vuelta al: salón principal.]

Nym
(Aparte, a Falstaff.) Sir, dos palabras: hay tres libras si no van Verdín y Becerro. [Sir, nos dan tres libras si dispensáis a Verdín y Becerro.]

Falstaff
(Vivaz.) Verdín, quédate hasta que rebases la edad; Becerro, tú hasta que tengas edad; ahora no os quiero.

Cero
¡Sir Juan! ¡Son escogidos hombres!

Falstaff
¿Enseñáisme, maese Cero, a elegir hombres? Grano: ese sí que cargará con la rapidez que da el martillo el golpe. Y en cuanto al rufián flaco...

Cero
¿Sombra?

Falstaff
También sirve. No presenta blanco ante el enemigo. ¡Y podrá correr cual centella ese Flojo, ese buen sastrecico!

Cero
Sir Juan...

Falstaff
¡Oh, dadme tropa fla...ca y no hombres grandones! Seguid bien, hasta muy pronto y gracias. ¡Sus, caporal Nym!

[Otro ángulo:]

(Mientras sale.) ¡Seguid bien, queridísimos! *(En parte a Nym y a Bardolf, en parte para sí.)* Um... Hay que estudiar... si robamos a estos jueces. Bardolf, da capa a los nuevos.

Bardolf
¿Qué? ¡Si no queda ni una camisa en la compañía!

FALSTAFF
(Con maliciosa sonrisa.) Tanto peor; ¡se llevarán[19] las que hallen en las cercas!

CERO
(VOZ, O.S.) ¡Dios os guarde, sir Juan!

[Contracampo.]

CERO
¡Dios nos dé paz!

[Primer plano de Silencio.]

Silencio trata de saludar y no puede.

(ESCENA 15) LAS TROPAS DEL REY (CERCA DE SHREWSBURY)

Worcester y Vernon entran a caballo en el campamento para parlamentar con el rey....

EL REY
Óyeme atento, Worcester... {No está bien que tú y yo de este modo peleemos.}

[Contracampo.]

Con tu indigna traición
Hasme hecho despreciar ropas de paz
Y soldar a la mano el rudo acero.
No has hecho bien, milord, no has hecho bien.

---

19   Sobre una tachadura ilegible, escrito a mano este «se llevarán».

El príncipe se aparta de Falstaff para acercarse a su padre...

Príncipe Hal

(Se encara con Worcester.)
Id a decid que el príncipe de Gales
Declara su digno rival a Enrique Percy;
Es el soldado más fuerte y cabal,
Más audaz, que viviere en nuestros días.
Por mi parte infamé todo mi ser;
He sido un gran hampón y un hombre ruin.
Si su perdón mi padre me dio ya
Quiero luchar con Percy, los dos solos,
Y evitar que otra sangre inglesa fluya.

*[Contracampo: Worcester.
Vuelta a la escena:]*

El rey

No, lord Worcester, no;
Mi oferta es firme y ahorra esas dos sangres;
Tendréis mi leal amor aún otra vez
Si os acogiéseis al perdón que os doy,
Percy, todos y tú; y sabed bien
Que por mi fe lo digo, y cumpliré...

Worcester

Mi rey: yo no pedí
Que llegase este día de discordia.

El rey

Si no lo quieres, ¿cómo llegó?

[Otro ángulo:]

Falstaff

Sin buscarlo, encontrólo en su camino.

[Vuelta a la escena:]

EL REY
Ya no hablo más. Esta la oferta es.

Un silencio embarazoso... Worcester se inclina y se va. (Vernon sale tras él.)

[*Otro ángulo:*]

WORCESTER
(*Aparte, a Vernon.*) Mi sobrino ha de ignorar la oferta del rey...

VERNON
Debéis decirla...

WORCESTER
Sé que no va a cumplirla, que jamás
El rey dijo palabra de verdad.

[*Vuelta a la escena:*]

PRÍNCIPE HAL
(*Tranquilo, a su padre.*) No han de aceptar la oferta, no es posible.

EL REY
Que Dios bendiga entonces nuestra causa.[20]

(ESCENA 16) EL CAMPAMENTO REBELDE (AMANECE... NIEBLA)

Ruido de cascos al galope... De momento nada se ve... Luego entran en cuadro a caballo Worcester y Vernon, que se apean... Los seguimos a las tiendas del campamento de Espuela.

WORCESTER
Os lo ruego: que Enrique ignore
En cualquier caso la oferta del rey.

---

20   Al margen, «(Ya estaba)»

[*Otro ángulo:*]

Espuela
¿Qué os han dicho?

Worcester
No se nota, a fe, bondad en el rey;
Lleno de rabia traidores nos dice
Y un castigo terrible nos anuncia...

Espuela lo mira fijamente... Luego se vuelve hacia sus capitanes y hacia las tropas que se han apiñado:

Espuela
Armaos deprisa, amigos, y al combate.
Cada hombre luche bien. Y que este acero
Halle su temple en la caliente sangre
Que ha de empapar de rojo el manto real.

Worcester
El príncipe afirmó, mirando al rey
Que a singular combate os desafía.

La noticia llena a Espuela de repentino júbilo...

Espuela
¡Dios mismo lo hizo!
¡Que la lucha tan sólo nuestra sea
Y ni un hombre perezca en feroz lid,
Menos Enrique Monmouth!

(Escena 16A) Otro ángulo

{Príncipe Hal
(*Señalando al ejército harapiento, al fondo.*)
Juan... ¿Esos horrores?

FALSTAFF
Míos, Hal, míos...

PRÍNCIPE HAL
¡Nunca he visto, cielos, peores fantoches!

FALSTAFF
Tut, tut... Buenos mozos, buenos mozos...
Servirán para llenar fosos, sí,
Pues saben morir bien.

*[Contracampo: el ejército de Falstaff...
Todos parecen miserablemente aptos para «llenar fosos»...]*}[21]

{LANCASTER
Falstaff, ¿dónde estuvisteis hasta ahora?

FALSTAFF
Milord, ¿creéisme un gorrión, un dardo o una bala?
¿Creéis vos que mis pobres piernas son caballos de Arabia?
(Lancaster inicia la marcha.)
Antes morir enmohecido y gordo que ser aniquilado de tanto mover las piernas...}[22]

(ESCENA ¿16A?) CAMPAMENTO DEL REY (NIEBLA)

FALSTAFF
Si todo hubiera pasado ya... [Quisiera verme ya en el catre...]

PRÍNCIPE HAL
Aún debes a Dios algo. [Aún debes a Dios tu muerte.]

---

21 Al margen de esta breve secuencia que hemos colocado entre llaves, Buero anota «¿Cambia el orden con la siguiente?».
22 También al margen de esta otra secuencia, leemos: «¿Cambia el orden con la anterior?».

FALSTAFF

Todavía no. ¡Y de pagar hoy, menos me hables, cielos! ¿Por qué has de pagarle hoy a nadie si Él no te llama? Bien, callemos, el honor me manda. *(Hal le lanza una mirada.)* Sí, ¿pero y si el honor me manda al sacrificio? ¿Qué hacer? ¿El honor cura un dedo? No. ¿Un ojo? No. ¿Te quita el dolor de un balazo? No. {¿No será diestro en la cirugía? No.} ¿Qué es el honor? ¡Aire, y sólo aire! ¿Quién lo tiene? El que cayó el lunes. ¿Lo disfruta? No. Tocarlo, ¿alguien puede? No... el que cayó. Pero ¿es que se halla entre los vivos? No. ¿Por? [¿Por qué?] Las lenguas de hacha lo matan. ¡Lléveselo el diablo! El honor es simple cuento [un embeleco]. ¡Y este es mi catecismo!

(Escena 16B) Contracampo:
(Antigua 15E)

El rey, erguido en su armadura, espera el momento de ordenar el comienzo de la batalla...
Un silencio... El sol ha salido, pero la niebla es más densa que nunca...

(Escena 16C) El campamento rebelde
(Antigua 16A)

[Serie de tomas: preparativos de la batalla.
Espuela galopa y sale de escena...
Worcester levanta la mano y da la señal...
Trompeteros dando el toque de carga...]

(Escena 17) La batalla (niebla espesa)

Voces
¡Adelante mis bravos! – ¡Por Inglaterra! – ¡Sus y a ellos! – ¡A ellos!

(Escena 17A) El ejército rebelde carga

Voces

¡Adelante! – ¡Dios lo quiere! – ¡Viva Inglaterra! – ¡Sus, escoceses! – ¡Por Escocia! – ¡Dios mío! – ¡Bribones! – ¡Adelante, galeses!

(Escena 17B) El ejército del rey carga

Voces

¡Dios salve al rey! – ¡Dios salve al rey! – ¡Adelante! – ¡Por Inglaterra y por Enrique! – ¡Muerte a los rebeldes! – ¡Dios lo quiere!

(Escena 17C) Serie de tomas

[La batalla (pormenores de varios grupos peleando).]

Combatientes

¡Toma esta, bribón! – ¡Por Enrique! – ¡Por Escocia! – ¡Ay! – ¡A mí! – ¡Al infierno! – ¡Piedad, señor! – ¡De esta no sales vivo! – ¡Muera Enrique! – ¡Muera Percy!

(Escena 17D)

Al príncipe le derriban de su caballo y lo desarman...
Mata a su último adversario con su hacha de guerra.

(Escena 17E)

Al correr entre las filas de la infantería del rey en busca de una espada, Hal tropieza con Falstaff.

Príncipe Hal
(Sin aliento y furioso.) ¿Qué ha...ces tú tan quiero? Dame tu acero [tu espada].

Falstaff
Se puede respirar, ¿no? *(Hal le arrebata la espada...)* ¡Ni el gran turco hizo mejores hazañas que las que yo hice hoy! Le atrapé a Percy, y está bien seguro.

Mientras habla Falstaff, Espuela aparece a su espalda...

Príncipe Hal
(Que ve a Espuela detrás de Falstaff.) Eso es cierto, y él te matará a ti.

Falstaff se vuelve ¡y lo ve!

Espuela
Si no me engaño, eres Enrique Monmouth.

Para evitar confusiones en cuanto a su identidad, Falstaff, que se halla entre los dos, se apresura a señalar al príncipe.

Príncipe Hal
(A Espuela.) Tú hablas cual si negara yo mi nombre.

Espuela
Me llamo Enrique Percy.

Príncipe Hal
Sé quién eres;
Llámante Espuela y supe tu renombre.
Yo soy el príncipe de Gales, Percy,

Y he de tomar tus glorias y tu prez:
¡Dos astros no comparten una esfera
Ni Inglaterra soporta el doble reino
De Enrique Percy y de su príncipe!

                    ESPUELA
No lo hará, Enrique, ¡pues la hora llegó
Para uno de los dos!
{Súbome al caballo
Que cual viva centella sabrá
Lanzarse al pecho que ante mí se ofrece.
¡Enrique contra Enrique ha de luchar
Mientras la muerte escoge entre los dos!}[23]

Ataca, pelean...

                    FALSTAFF
¡Dale, Hal! *(A Espuela.)* ¡No, no lo vais a ver fácil, yo os lo digo!

[Un río de soldados cruza rápidamente ante la cámara. Uno de ellos se detiene lo justo para intentar agredir a Falstaff... Este procura parar el golpe con su vaina, que el soldado le tira al suelo de un golpe. El siguiente golpe lo para Falstaff con su broquel; luego se tira al suelo y finge que ha muerto...]

(ESCENA 17F) LA LUCHA ENTRE ESPUELA Y HAL (SERIE DE TOMAS)

Al fin, Espuela es herido...

                    ESPUELA
¡Oh Enrique, robado has mi juventud!
(Cae a los pies del príncipe.)

---

23   Tras este texto, escrito a mano, figura un signo interrogativo.

Es mejor perder esta frágil vida
Que la fama que tú heredas de mí;
La idea me hiere, no el hierro en mi pecho;
Pero la idea es esclava de la vida,
Y ésta el bufón del tiempo, y todo tiempo
Debe cesar. ¡Ah, si yo predijese...!
Pero el gélido tacto de la muerte
Sella mi lengua. Percy, tierra eres,
Y pasto de...

Sus ojos se hielan y Hal, de rodillas a su lado, comprende que Espuela ha muerto...

Príncipe Hal

...Gusa...nos, Percy. Paz a tu inquietud.
¡Oh ambición fiera, tú mueres con él!
Cuando este pecho contenía un espíritu,
Un reino para él no fuera mucho;
Mas hoy dos pies de cieno bástanle.
Este suelo, donde dormido está,
Vivo nadie lo huella tan cabal.
(Se levanta...)
Adiós...
(Se dispone a volver a la batalla –ya casi terminada– y en el camino ¡tropieza con lo que le parece ser el cadáver de Falstaff!)
¡Vie...jo querido!... En toda esa mole
¿No hay vida ni aliento?... Buen Juan, paz a ti.
Quisiera haberte visto mejor fin.
(La cabeza de Falstaff está bajo su broquel, y él seguiría siendo un cadáver muy convincente ¡si no tuviera que respirar! Ahora un involuntario resoplido llama la atención de su desolado amigo... Los párpados del príncipe se fruncen, en un gesto que es mitad de sorna y mitad de alivio... Y levanta la voz –para estar seguro de que Falstaff le oirá bajo el cobijo de su broquel–.)
¡Sin vientre y en canal te vas a ver!...

Cuando el príncipe se va, Falstaff se incorpora repentinamente y dice:

Falstaff
¿Sin vientre?... ¡Si tú reviéntasme hoy, licencia doite para mañana ponerme en sal!

[Se levanta. Cruza el campo –la cámara le sigue–.]

Diablos, tenía que hacer el muerto: la parte mejor del valor es la discreción, y si no es por ella no me ves. *(Se detiene. Al ver el cadáver de Espuela...)* Dios, si es el bravo Percy... ¡Diré que lo hice yo! *(Trompetas al otro lado del campo... Se carga el cadáver a la espalda.)* Señor, ¡habréis de seguirme!

(Escena 17G) Otra parte del campo (estudio grande)

El príncipe con un grupo de sus guerreros –soldados en movimiento al fondo–.

Príncipe Hal
¡La trompeta nos dice que el día es nuestro!

Vítores. ..Redobles... Mucho movimiento y agitación mientras el príncipe y los suyos se encaminan presurosos al campamento del rey...

Soldados
¡Victoria! – ¡Victoria! – ¡Viva el rey Enrique! – ¡Inglaterra por Enrique! – ¡Dios salve al rey! – ¡Dios lo ha querido!

(Escena 18) El campamento del rey (estudio pequeño)

La guardia trae a lord Worcester encadenado... El rey se acerca al grupo con sus lores y soldados.

El rey
Este fin al rebelde espera siempre...
(Worcester se echa a sus pies...)
¡Ah, falso Worcester! ¿No te brindé gracia,
Perdón y honores para ti y los tuyos?

Worcester
Seguridad busqué; ya la he perdido.

El rey
Llevadlo a ejecutar.
(Los soldados arrastran a Worcester... El rey se dirige a un grupo de prisioneros que trajeron detrás de Worcester...)
Y estos, esperen su debida pena...

Se llevan a los prisioneros.

(Escena 18A) Otro ángulo

Príncipe Hal
Hermano, los dos la colina alcancemos
Y contemos quién vive y quién cayó.

Falstaff
¡Este es Percy! *(Falstaff llega tambaleándose y arroja el cuerpo de Espuela ante ellos...)* Si tu padre ha de darme... algún honor, bien; ¡si no, que trinche él solo al Percy siguiente! *(Se sacude.)* No he de ser menos que conde o duque, eso es seguro.

Príncipe Hal
(Impasible.) A... Percy yo lo maté y tú ya lo estabas. [Y a ti te vi muerto]

Se miran: Falstaff reacciona en el acto.

Falstaff

¿Crees tú? ¡Dios, Dios, cuánto engaño hay en la tierra! Es cierto que los dos estábamos... sin sentido; ¡pero dimos un gran salto y nos pasó una hora bien larga peleando!

Un silencio, mientras el rey mira al muerto, y luego a su hijo... Y después a Falstaff (el cual, por primera vez, ha llegado a desconcertarse y calla)... Ahora el rey se vuelve hacia el príncipe...

Hal encuentra la mirada de su padre, mas no responde a su muda pregunta, tercamente decidido a no descubrir el embuste de Falstaff...

De pronto advierte en la cara del rey una fatigada decepción... Ya es tarde para hablar: el rey se ha vuelto ya...

[*Otro ángulo:*]

El rey

Ahora dispon...go dividir las fuerzas.
Tú, hijo Juan, con milord de Westmorland
Hacia York habréis de ir a toda marcha.
Mi Enrique, yo y los nuestros, hacia Gales.
(*Levanta la voz, dirigiéndose a todo el campamento:*)
¡La facción será ahogada en nuestro reino
Batiéndola cual se ha hecho en este día!

Vítores de los soldados... Murmullos excitados de los lores...

Soldados

¡Mueran los rebeldes! – ¡Dios salve al rey Enrique! – ¡Viva el rey! – ¡Viva! – ¡Viva! – ¡Bravo! – ¡Bravo, nuestro rey! – Nunca lo vimos con tanta majestad. – ¡Dios le ayude! – ¡Aplastaremos sus cabezas! (*El rey y su séquito inician la marcha....*) ¡Dios salve al rey! – ¡Dios salve al rey! – ¡Enrique! – ¡Enrique! – ¡Inglaterra y Enrique!

Hal va a seguir a su padre, pero se queda paralizado por la fatal incomprensión que los distancia... Falstaff lo advierte y durante el resto de la escena se esfuerza en ganar la atención del príncipe... En suscitar su interés... En instalarse de nuevo en el centro de su afecto...

(Escena 18B) Otro ángulo

Movimientos generales de la marcha.

Westmorland
(Seco, al salir.) Falstaff, iréis con el príncipe Juan de Lancaster contra el duque de Northumberland.

Falstaff
No hay acción arriesgada que se le ponga en la cabeza en que no nos meta. Bah, no duraré siempre... Pero ya cansan estas trampas de Inglaterra, que, cuando hace algo bien, lo vuelve costumbre.

Una explosión de carcajadas de los compadres de Falstaff... (habían entrado en escena arrastrando los pies con los restos del ejército harapiento)... Pero su regocijo se apaga súbitamente ante la mirada glacial y los crueles labios de Juan de Lancaster, el cual se vuelve para irse y se encuentra con el risueño rostro de su hermano el príncipe Hal.

Lancaster
(Con satisfacción.) Bien, Falstaff, el rey os separa de vuestro Enrique.

Falstaff
(Con una mirada de asco.) Es... gracioso y prudente mi rey. *(El principito reanuda su marcha con gesto de infinita reprobación. Despectivo:)* ¡Príncipe Lancaster!... [¡Príncipe de Lancaster!...] *(Como si no reparase en la presencia de Hal.)* El mozo es de sangre fría y me odia de siempre; no hay hombre que lo ponga a reír; mas se comprende: no cata el vino. *(Ríen los otros. Hal sonríe. Falstaff lo mira con el rabillo del ojo mientras acepta una copa de Bardolf —el cual ha requisado un barrilito de vino—. Reparten el vino entre todos mientras Falstaff continúa su perorata:)* Estos mozos secos no sirven para trincar del mosto, porque el agua les enfría las tripas y se hacen gallinas y mentecatos. Cosas que soy también... yo... mas por... inflamación. *(Bebe.)* Un buen jerez seco hace doble... operación dentro. Asciende a mis sesos con brío, y me reseca el fatuo, soso y crudo vapor que los malea; me hace comprensivo, campechano; me inventa formas fogosas; y es...tas, devueltas a la voz, tórnanse en dichos

bra...vos e insinuantes. (*Falstaff empina su copa... Luego, al bajarla, advierte que el príncipe se ha alejado algo hacia la tienda del rey... Falstaff alza la voz y prosigue:*) Segunda propiedad de un excelente jerez es que inflama la sangre...

Murmullos entusiastas.

Soldados
¡Y los huesos! {– ¡Y otras cosas!} – ¡Así es! – ¡No hay nada como un buen vino! – ¡Sobre todo, seco!

Falstaff
... La enciende y la obliga a marchar como un rayo a mis remos. Y así es como el príncipe Hal tiene valor: porque la fría sangre natural que heredó de su padre *(Risas sofocadas.)* él la ha... regado y la abonó, minando y majándola cual a estéril campo, con generosos tragos del fino jerez. ¡Y así la mudó en valerosa y fuerte!

Sus palabras son acogidas con una gran ovación.

Soldados
¡Bravo! – ¡Bravo! – ¡Bien por Falstaff! – ¡Viva el príncipe Hal!

Pero el príncipe se ha alejado aún más...
Falstaff lo llama, levantando su copa de vino...

Falstaff
Si cien hijos tuviese, el más sabio principio que les diera sería: ¡fuera el bautizo en bodegas! ¡Y entregaos al jerez seco!

[Toma larga: Hal levanta su copa como respuesta. Bebe...
Luego, volviéndose, deja caer la copa al suelo...
Contracampo: Falstaff mira a la espalda del príncipe Hal, que se aleja...
Funde.]

{Narrador
El reinado de Enrique cuarto viose turbado desde sus comienzos por la rebelión. Pero en el año de Nuestro Señor de mil cuatrocientos ocho el último de sus enemigos fue vencido.

El rey pasó aquel año la Navidad en Londres. La enfermedad minaba ya sus fuerzas y su alma.}

[Aparece:]

(Escena 19) La alcoba del rey (noche)

El rey Enrique, sentado junto a una ventana, con la mirada abstraída. Bajo el castillo, el pueblo dormido...
Momentos después Westmorland, el juez Mayor y otros llegan a la puerta...

Westmorland
(Temeroso de interrumpir el ensueño del rey.) Buen día pase vuestra majestad...

El rey
(Distraído.) ¿Es que ya amaneció?

Westmorland
Ya son las dos en punto.

El rey
Entonces felices días, mis lores. *(Un silencio... De pronto, el rey les interpela.)* ¿Y mi hijo Enrique? [¿Y el príncipe de Gales?]

Lord juez Mayor
(Turbado.) Milord...

El rey
¿Dónde está? *(Nadie responde.)* ¿No le acompaña mi hijo Juan de Lancaster?

Lord juez Mayor
No, mi señor; está ante vos aquí.

WESTMORLAND
Vuestra gracia debe dormir...
(El rey no responde.)
Lleváis, señor, sin fuerzas veinte días;
Y si no descansáis por más velar
Tendréis gran daño.

LANCASTER
(Irrumpe en escena.)
¿Mandáisme algo, rey mío?

EL REY
¿Por qué no estáis en Windsor con tu hermano?

LANCASTER
(Protocolario.)
Allí no se halla hoy: él cena en Londres.

EL REY
(Irritado.)
¿Rodeado por quién? ¡Dilo si puedes!

LANCASTER
De Poins, y otros asiduos compañeros.

EL REY
Buscan la tierra fértil los yerbajos;
Y él, esa noble imagen de mi ser,
Está cubierto de ellos; mi pesar
Durará hasta el morir y acaso más:
Torpe temor me asalta cuando veo
A un fantasma reinar sin Dios ni ley
En los días tan ruines que os esperan
Cuando yo duerma en el panteón real.

WESTMORLAND
Mi dueño y rey quizá muy lejos va:
Si vuestro hijo vive largo tiempo
No querrá pícaros.

El rey
Nunca el cuervo se pierde su porción
En la carroña... ¡Oh! Pier...do las fuerzas...

*El rey se desvanece a medias y cae bruscamente al suelo... Westmorland,
Lancaster y los demás le ayudan a acostarse.*

Westmorland
No paséis miedo; ya todos sabéis
Que estos accesos viénenle a diario.

Lancaster
No, no, le cansan cada día más:
La incesante inquietud minó su mente
Y ha roto el muro que su prisión es,
Cual si su alma cruzarlo pensase...

Vernon
Esta enfermedad un triste fin dice.

Westmorland
Al pueblo temo; puesto que se advierten
Sin padres, hijos, crueles malnacidos;
Las estaciones múdanse y el año
Dormir semeja devorando meses.

Lancaster
El río fluyó tres veces sin menguar;
Y el anciano, ruin crónica del reino,
Dice que ya ocurrió eso tiempo atrás
Cuando el gran rey Eduardo les dejó...
¡Oh mi rey! ¡Oh padre!

El rey
La corona...
Traed. Verla aquí sobre mi almohada quiero...
(Lancaster lo hace.)
No hagáis más ruido, muy quedo hablad;
Salvo si algún amable y leve son
De suave música mi dolor mece...

LANCASTER
Que toquen música en aquel salón.

Sale un servidor para cumplir la orden... La música comienza en el aposento contiguo.

EL REY
(Después de un momento.)
¡Oh! ¿Cuánta gente de mi pobre pueblo
A esta hora soñará? Oh suave sueño, *(Suspirado:)* sueño,
Nodriza dulce, ¿tanto me has de odiar
Que no te poses ya en mis tristes ojos
Ni colmes de silencio este alma ruin?
¿Por qué, sueño, prefieres prodigarte
Sobre yacija inmunda, catres sucios,
Y entre el zumbar de insectos en la sombra,
A la alcoba fastuosa de los grandes
Donde en quietud dormir bajo doseles
Al arrullo de dulces melodías?
Oh, diosecillo aliado a gente vil,
¿A qué despreciar siempre el lecho real
Cual si garita de vigía fuese?
Das tú, subiendo al sacudido mástil
Tu suave calma al ojo del grumete;
Acúnaslo entre rudas marejadas,
Y sueña, visitado de los vientos
Que olas enormes forjan por doquier,
Rizando monstruosas torres de agua
Que elevan, clamorosas y feroces
¡Con ruido tal, que ira de Dios parece!
Das tú, oh parcial sueño, tu reposo
Al callado marino en hora tal;
Y en la noche más suave y silenciosa
Cuando lo ha menester y más lo pide
¿Se lo niegas a un rey? Sueñe el feliz gañán;
Inquieto está quien tiene la corona.

[Funde a:
Contra un cielo sombrío, las siluetas de una serie de horcas, de las que penden los cuerpos de los rebeldes ajusticiados...]

(Escena 20) Campo abierto cerca de las murallas de la ciudad

En un alto patíbulo ensangrentado, el tajo del verdugo... Al fondo se ven, asimismo, horcas cargadas... Falstaff, cubierto de polvo y fatigado por el viaje, vuelve renqueando de la guerra...

Falstaff

(A su paje.)
Bien... Ya tragó mi chusma buena y harta pólvora... ya pocos me quedan de ciento cincuenta.

Bardolf

Sir, ¿qué hacemos?...

Indica a los miserables supervivientes.

Falstaff

Lárguense... *(Se vuelve al grupo de la famélica infantería.)* ¡Hale! Ya no habréis de verme, ya no hay horcas sin bicho [ya no hay horcas para vosotros]. ¡Hale! ¡Hale!...

Un soldado

¿Cuándo dais la paga, capitán?

Falstaff

¡Ya está bien! ¡Borraos cual granizo! ¡Id... por ahí a encontrar quien os dé asilo! ¡Fuera! *(Se alejan, cabizbajos.)* Ya no encuentro remedio para la consunción de mi bolsa; pagándolos le alargo y le alargo su estado, y así se hace incurable. *(Saca de su bolsillo un fajo de cartas... En el mismo momento la señora Yesca, mostrando gran excitación, entra por el fondo cual si espantara gallinas seguida de dos de los sicarios del alguacil: Garra y Ardid... Sin reparar en ellos Falstaff continúa, dándole las cartas al paje.)* Lleva esta carta al príncipe; esta al conde de Westmorland y esta otra a la vieja Úrsula, a quien juré desposar cuando viera un pelo blanco en mi mentón.

Señora Yesca
¿La vieja Úrsula? ¡Jurásteis desposar... me!

Falstaff
(Con el gruñido de un oso en la trampa.) Échalos, paje.

Este bizarro atentado a la libertad de Falstaff se interrumpe con la aparición por el fondo del juez Mayor...

Garra
Sir Juan, os arresto... [Sir Juan, daos preso...]

Falstaff
¡Ra...paz! ¡Revienta a esos bellacos! ¡Tira al canal a esa zorra!

El paje desenvaina su espadilla, Falstaff su espadón, y atacan juntos a los hombres del alguacil.

Lord juez Mayor
(Se adelanta.) ¡Quieto, sir Juan! ¿Qué es lo que os pone así?

Señora Yesca
Señor, soy una infeliz viuda de Eastcheap, y han de «arristarle» o le demando.

Lord juez Mayor
¿Por cuánto?

Señora Yesca
¿Qué, milord? ¡Por todo y algo más! ¡Es un tragón, me comió la casa! Yo fui buena, buena, buena; y él con promesas y más, y mimos; fiestas, día tras día, ¡y ahora el «ricordarlo» me achara!

Lord juez Mayor
(A Falstaff.) Falstaff, ¿es que no os sonroja llevar simples viudas a la decisión de demandaros?

Falstaff
Milord, es una pobre necia, se la oye por doquier que un hijo suyo es igual a vos.

Durante estas palabras sir Tomas Bracy entra en escena. Falstaff se considera salvado de momento por su presencia.

Falstaff
¿Hay... nuevas? [Ah... ¿Traéis nuevas?]

Bracy
(Grita desde su caballo.) ¡Al conde Northumberland se le venció!

Lord juez Mayor
Ni un solo acero rebelde quedó.
¡La paz plantó ya su olivo verde!

Falstaff
¿Qué tal el rey? [¿Cómo está el rey?]

Lord juez Mayor
(Rezonga.) Si ya sabéis lo mal que está, Falstaff...

Falstaff
¿Torna el príncipe hacia Londres?

Al fondo, el ejército harapiento vitorea. Bracy y los suyos se alejan cabalgando.

Soldados
¡Viva la guerra! –¡Viva la guerra! –¡Viva la guerra!

Lord juez Mayor
(Irritado.) Falstaff, pagad las deudas ahora.

Falstaff
(Al juez Mayor.) Si quisiérais prestarme diez...

Lord juez Mayor
(Le corta.) Ni una pieza, ni una pieza... [Ni un penique, ni un penique...]

Falstaff
(A la señora Yesca.) Yesca... *(Ella empieza a acercársele, esperanzada...)* Me voy. Cuida tus sirvientes y clientes. Tú ves que estoy por la paz... ¡Ah, no hay otra mejor que tú en Londres. Ve a poner la sopa. [la cena.]

Señora Yesca
¿Vais... a pagarme?

Falstaff
No empieces.

Ella se detiene y se vuelve hacia él. Se acerca:

Señora Yesca
¿Queréis a Dora Lirón a comer?

Falstaff
No empieces... ¿Dora Lirón?... Que venga.

Lord juez Mayor
¡Dios le dé al príncipe otro compadre!

Falstaff
¡Dios le dé al compadre otro príncipe!

(Escena 21) Un parque real (día)

Príncipe Hal
Voto a Dios... que estoy harto cansado...

Poins
¿Eso tenéis? Yo creí que el cansancio no osaría adherirse a uno de sangre azul.

Príncipe Hal
Pues cánsome... Aunque decolore las venas de mi grandeza el concederlo.

Entran Bardolf y el paje.

Bardolf
¡Dios os guarde!

El paje va a entregar una carta al príncipe, pero Poins la toma antes.

Príncipe Hal
Salud, mi noble Bardolf. ¿Qué tal tu señor?

Bardolf
En... buena salud, sir. *(Poins abre la carta.)*

Poins
(Leyendo la carta.) «Juan Falstaff, sir, al hijo de su rey, luz de su padre y gentil príncipe, salud». Vos le dais a este asno muchas familiaridades...

Hal le quita la carta.

Príncipe Hal
(Leyendo.) «No seas tan familiar con Poins; pues abusa de tu favor; según él te casas con su hermana, la necia Nelly.»

Poins
(Enrojece.) ¡Milord, se la haré tragar calada en vino seco!

Príncipe Hal
(Sigue leyendo.) «Dispón de tu tiempo a tu placer; y hasta más ver. Con mi "Sí" y "No"», según tomes a este tu criado así los doy, JUANITO para mis bribones, JUAN para mi hermano y linaje, y SIR JUAN para la Europa.» *(A Bardolf.)* ¿Está ya en Londres?

Bardolf
Sí, milord.

Príncipe Hal
¿Dónde cena? ¿Se atraca el buey viejo en aquel mesón?

BARDOLF
Allí come, milord, en Eastcheap.

PRÍNCIPE HAL
¿En compañía? *(Bardolf no entiende.)* ¿No hay una dama con él?

PAJE
Pues Dora Lirón. [La señora Lirón.]

PRÍNCIPE HAL
Hay que caer sobre ellos, Ned. ¡A comer! Tú, paje, y Bardolf, ni hablarle a tu amo de que he llegado a Londres ya. *(Les arroja unas monedas.)* Os mando silencio...

BARDOLF
No tengo lengua. [No tengo lengua, sir.]

PAJE
Y por mí, sir, digo que mudo.

Salen del aposento... (?)[24]

PRÍNCIPE HAL
(Suspira.) ¿Resultaría vil cosa en mí que desee beber?

POINS
(Sigue el juego, pero con una punta de crueldad en su chanza.) Oídme: ¿qué buen y noble príncipe lo hará, si malo el padre se halla cual lo está ahora el vuestro?

Un silencio... Poins, sintiendo sus días contados, comprende que ha cometido una especie de suicidio social... El príncipe lo mira...

PRÍNCIPE HAL
Cuélguete el diantre si por mi honor te vuelvo a escuchar... ¡o tu jeta vuelvo a mirar! *(Mas después ríe el príncipe con abierta amabilidad... Y*

---

24 No se sabe cuál fue la duda que llevó al dramaturgo a incluir este signo de interrogación. Es cierto que al inicio de la escena, la acción se sitúa en un «parque real», el mismo que puede verse en la película. No habría lugar pues, a hablar de «aposento». Tal vez en el texto de partida que estuviera empleando Buero Vallejo apareciese esa referencia.

Poins se une en el acto a su risa...) ¿Dices de mí eso, Ned? ¿Me desposas con Nelly?

POINS
Dios no dé a esa tonta peor suerte. ¡Mas nunca lo dije!

PRÍNCIPE HAL
(Inicia la marcha.) Ven, Ned...

POINS
(Se inclina, con agria sonrisa.) Yo soy vuestra sombra, sir; y voy con vos...

(ESCENA 22) APOSENTO DE FALSTAFF EN LA POSADA DE «LA CABEZA DEL JABALÍ»

FALSTAFF
Dios, estoy tan melancólico cual [como] un gato capón.

NYM
(Alegre.) Sir Juan, con esos mimos no creo que duréis.

FALSTAFF
Pues ahí tenéis, hijos. *(Deja caer una bolsa sobre la mesa grande —es dinero que acaba de recibir de Westmorland—. La señora Yesca la abre y empieza a contar las monedas de oro: quiere asegurar su deuda. Toda la cuadrilla de sir Juan se agrupa a su alrededor y mira... Pero si tenían esperanzas, pronto se esfuman... Carraspea, petulante y se para, pues no acierta a decir lo que quiere.)* En redondo tendré tal vez...

NYM
Dos yardas o más.

FALSTAFF
(Sigue el juego, pero a regañadientes.) En la cintura tengo eso y más; mas ya no hablo de abundancias, sino de ahorro... [sino de penuria...] Habré

de despedir a más de cuatro. *(Se le nubla la cara.)* Es una pena...

Señora Yesca
(Recuenta las monedas.) Yo le tomo a Bardolf. Escanciará por mí...

Falstaff
(A Bardolf, fingiendo buen humor para animarlo.) ¡Es oficio de gusto! *(Un breve silencio.)* Sí, hijos... Hállome muy tronado...

No queda más que una diminuta moneda... Falstaff se la da a Dora Lirón... Ella la mira un momento, sin comprender... Y de pronto, con un grito de rabia, la arroja al suelo.

Dora Lirón
¡¡¿Este es el consuelo que daisme?!!

La señora Yesca barre el resto del dinero para su bolsillo... Los compadres de Falstaff miran, tristes, al vacío...
Se oyen golpes...

Señora Yesca
¿Quién hace tal ruido? [¿Quién llama tan recio?]

Dora Lirón
(Indignada.) Fofo ruinoso...

Falstaff
(Con lastimera sonrisa.) Culpa es vuestra, de vosotras.

Dora Lirón
¡Qué infundio! ¡Gulas y achaques os rematan!

Falstaff
Si la cocina me hace goloso, tu alcoba me hace achacoso: ruina por ti, Dora, ruina por ti... Pues si uno es bravo déjenle cojo en la lucha; cruzamos la brecha con pica bien brava, y hay que curarle al bravo... *(Abre la puerta de la alcoba.)* Un valiente expónese a las bombardas.

Entra y cierra la puerta.

Dora Lirón
¡Qué os cuelguen, tripas de cerdo, que os cuelguen!

Se ahoga con la última palabra y estalla en lágrimas...

[Otro ángulo: el príncipe y Poins.]

Señora Yesca
(*Voz, O.S.*) No bien os juntáis y ya empezáis a porfiar; Dios sabe que estáis entrambos tan gotosos cual dos abuelicos; «denguno» puede «invidiar» los achaques del otro...

[Intercalado: el príncipe y Poins.
Plano de doble toma: Dora y la señora Yesca.]

Señora Yesca
A fe, hijica, que hoy libaste más de un jerez. ¿Qué tal estás?

Dora Lirón
(*Hipa.*) Mejor que antes.

Señora Yesca
¡Bien dicho eso! Tu bondad brilla cual oro, ¡cual el buen sol! Debes, mujer, sufrir más tú.

Falstaff emite desde su alcoba una especie de mugido sarcástico...
Bardolf se acerca a la puerta...

Bardolf
Sir, es Pistolo

Dora Lirón
¡¡¿Pistolo?!!

Bardolf
Quiere hablar con vos.

DORA LIRÓN
(Que está borracha, se enfurece de pronto.) ¡Porque es el mayor bocazas de Londres! ¡Ahorcadme a ese charlatán!

SEÑORA YESCA
(Con agrado, siguiéndole el humor.) ¿Charlatán? ¿Charla? ¡Si es charlatán, no quiero que entre!

Se oye cantar a Falstaff.

BARDOLF
No es charlatán, Yesca.

FALSTAFF
(Cantando.) «Cuando Arturo llegó...» [«Cuando Arturo vino a la corte...»]

SEÑORA YESCA
¡Largo el charlatán! El barrio me ama, y mis huéspedes. Tengo tan buen nombre y fama como el que más: ¡no quiero charlatanes!

DORA LIRÓN
¡A la horca! [¡Ahórquenlo!]

FALSTAFF
(Cantando.) «Y a la corte llegó.» [«A la corte, a la corte llegó.»] *(Se abre la puerta de la alcoba y Falstaff reaparece, ajustándose la ropa, para incorporarse de nuevo a la reunión...)* Vacía [vaciad –según a quien se dirija–] el orinal... ¿Pistolo? Un trapalón, a fe; sí, mas tan suave y dócil que es un pobre ratón. ¡Ah, Pistolo!

PISTOLO
(Con un gran bramido.) ¡Dios os guarde, sir! [sir Juan!]

FALSTAFF
(Risueño, le da de beber.) Pistolo, carga con la copita... ¡y descarga sobre mi dueña!

PISTOLO
(Se atusa los mostachos.) Haré descargas sobre ella, sir Juan, ¡con dos balas!

FALSTAFF
Está a prueba de balas: no se dejará apuntar.

PISTOLO
(Se vuelve hacia Dora, galante.) Contra vos, pues, linda Dora: ¿descargo en vos?

DORA LIRÓN
(Indignada por la insinuación.) ¿En mí? ¡Sucio tapón!

FALSTAFF
(Con una risotada.) Paz, Dora.

DORA LIRÓN
(Se abalanza hacia Pistolo, muy ceñuda.) ¡Con la faca os corto vuestra lengua como tratéis de jugar conmigo!

PISTOLO
(De pronto le entra una rabia desesperada.) ¡Te haré pedazos! ¡Llévete el diablo!

FALSTAFF
(Sobre sus palabras.) Calma, Pistolo.

SEÑORA YESCA
No, no, capitán «Pistero».

FALSTAFF
(Voz, O.S.) No vas a dispararte aquí.

SEÑORA YESCA
¡No aquí, buen capitán!

DORA LIRÓN
(No cree en el tratamiento.) ¿Capitán?

FALSTAFF
(Voz, O.S.) Descárganos de tu presencia, Pistolo.

DORA LIRÓN
¿Capitán Pistolo? ¿Él un capitán?

NYM
Vete y déjalo, capitán.

DORA LIRÓN
¿Tú un capitán? ¿Por qué? ¿Por cargar sobre las golfas en burdeles?

PISTOLO
(*A la galería.*) Las yeguas fofonas de Asia
No valen un César o un «Caníbal».

SEÑORA YESCA
¡Buen capitán «Pistero»!

PISTOLO
¡O un griego de Troya!

SEÑORA YESCA
¡Por Dios! ¡Que es muy tarde! ¡Sin voces!

PISTOLO
¡Que se hunda ya con el Cancerbero!
¡¡¡Y que los cielos rujan!!!

FALSTAFF
(*Severo.*) Pistolo, eres imbécil.

[Contracampo.]

POINS
(*Aparte, al príncipe.*) Peligrosa trapatiesta...

PISTOLO
(*Voz, O.S.*) ¡¡¡Reventad, perros!!! [¡¡¡Muéranse todos como perros!!!]

[Vuelta a la escena:]

Señora Yesca
¡Capitán, por Dios, reportaos!

Pistolo
(Afable, le envía un sonoro beso.) ¡Ven tú, mi amor, brava Calípolis!... *(Se sienta.)* ¡Llena copas! *(Con un gran bramido.)* ¡Cielico, échate ahí! *(Suelta su espada sobre la mesa ruidosamente.)*

Falstaff
Tráeme [Traedme —según a quien se dirija—.] mi espada...

Pistolo
Galán, si hay que reñir, ¿qué? ¿Quién no vio las siete estrellas?

Dora Lirón
Por Dios, échenle de aquí; ni entiendo ni aguanto sus peroratas.

Falstaff
(A su paje.) Trae mi espada, paje...

Dora Lirón
¡Juan!

Falstaff
Tú, largo de aquí.

Pistolo
¡Qué! ¿Hay que hacerse sangre? ¿Sacar tripas?

Falstaff va expulsando de la alcoba a Pistolo, que recula.

Falstaff
Largo de aquí.

Pistolo
¡Que os enreden pues, con su hilo fatal, las tres de la rueca! ¡Ven, Atropos, aquí! [... las tres hermanas de la rueca! ¡Atropos, dadle muerte!]

Las últimas palabras se oyen fuera de escena.

Señora Yesca
Bajad ya aquesas armas, bajad ya aquesas armas.

Fuera de escena. Un tremendo y aparatoso ¡zaas!

Dora Lirón
¡Juan!

Una pausa... Y vuelve Falstaff, sacudiéndose el polvo y resoplando a causa de la trifulca.

Falstaff
Está curda...

Dora Lirón
¿No os tocaría en la ingle? Creí que os había horadado la panza.

Falstaff
El canalla.

Dora Lirón
¡Ah, dulce gordezuelo!

Falstaff
¡Ese gran bergante!

Dora Lirón
¡Oh, gordito hideputa bellacón!
¡Mi amor, cuánto sudáis!

Falstaff
Escapó el bribón cual azogue.
Dora Lirón
Os limpiaré muy bien, vamos, gordezuelo...
¡Ah, truhán! A fe que os quiero...

El príncipe Hal y Poins están espiando desde su escondite.

Falstaff
¡He de hacer que al truhán lo manteen!

Dora Lirón
Ordenadlo si me queréis; si lo hacéis,
Entre mis sábanas os meteré...

Nym
La música llegó... [La música llegó, sir...]

Falstaff
Que templen. [Que toquen.] *(Hacia fuera.)* ¡Presto! [¡Tocad!] *(Poins comienza a tocar su laúd.)* ¡Bésame, Dora!

Una pausa...

Príncipe Hal
¿No es extraño que el deseo dure más años que la potencia?

Falstaff
¿Quieres que te merque un jubón? Me agenciaré fondos el lunes: y tendrás tu cofia mañana. Cántame algo picante que me embebezca. Te reirás; tú me despreciarás por...

Dora Lirón
Llorar me harás por decir eso...

Falstaff
Y mi canción, ¿eh? Bésame...

Ella lo besa. Y él la mira.

Falstaff
Suenan a fanfarria tus besos...

Dora Lirón
Yo te quiero siempre, corazón...

Después de un corto y melancólico silencio:

Falstaff

Soy viejo... Soy viejo...

Dora Lirón

Y yo te amo cual eres como a ningún bello mozalbete. *(Después de una breve pausa.)* Juan... Di, ¿el príncipe es bueno?

Falstaff

Tal vez... Umm... el príncipe... sea un chicuelo vacío...

Príncipe Hal

(Aparte, a Poins.) ¿Le corto una oreja a este cerdo?

Dora Lirón

Y ese Poins, ¿es agudo?

Falstaff

¿Poins? ¿Agudo?

Poins

(Aparte, al príncipe Hal.) ¿Le apaleamos ante ella?

Falstaff

Entre el uno y el otro no hay la diferencia de un pelico.

El príncipe salta abajo.

Falstaff

(Finge gran sorpresa.) ¡Ah! ¿Un bastardo de reyes? *(Poins se deja caer a su vez.)* Y tú, ¿No eres de Poins hermano?... ¡Toquen música buena!

Poins

(Casi empujando al príncipe hacia el aposento.) Milord... No debéis dejar de vengaros. {Enfriaros no dejéis...}

Príncipe Hal

¡Oye, elefante, gran fantasmón!...

Falstaff

Sin abusar...

Príncipe Hal
Chocho, vanidoso y de intenciones bellacas...

Falstaff
Tú eres de cierto una cantarica de miel...

Príncipe Hal
(Ataca, furioso.) ¿Y el modo ruin de hablar de mí no hace ni un momento a esta honesta, bella, altiva y gentil dama? *(Señala a Dora.)*

Falstaff
(Con aire inocente.) Bien, Hal, es que no creí que pudieras oír.

Príncipe Hal
(Con una mezcla de afecto y rabia.) ¡Sí, y lo sabías! Tú sabías, igual que cuando huías el día en que robasteis... {Tú piensas probar cuánta es mi paciencia...}

Falstaff
Sin abusar...

Príncipe Hal
¿Sin abu...sar? Tú me desprecias y...

Falstaff
(Convincente.) Te desprecio frente a los truhanes, y así ellos no podrán nunca estimarte; y tu padre agradécemelo por ti.

Esta mención al padre de Hal causa su efecto...
Poins, notando el repentino cambio del príncipe, salta a la brecha...

Poins
Creo yo que la pura y total cobardía no se mostrará a esta pura y gentil dama. ¿Es ella truhana?

Príncipe Hal
¿Y es la hostelera truhana? O nuestro Bardolf, cuya bondad te consta, ¿es un truhán?

Poins
(Con verdadero tono de amenaza.) ¡Decid, tocino! ¡Decid!

Falstaff

(Pensativo.) Luzbel ya apresó a Bardolf y es irremediable; de las damas: una de ellas ya está en el horno, alma infeliz; cuanto a la otra, dinero me dio; si está en el infierno por eso, no sé. Buen Hal... ¿no ves qué malo estoy, qué viejo? ¿No he achicado? Mi piel cuelga cual fofo traje de ancianita. *(Llama al pajecillo.)* ¡Galán..., Tú..., llega! [¡Gigante!] ¿Qué ha dicho el doctor de mi orina?

Paje

Dice, sir, que en cuanto a orina es muy linda orina; mas cuanto al poseedor de ella, debe soportar achaques sin cuento.

Todos ríen, incluso el príncipe...

Falstaff

(Para sí.) Los hombres gustan de burlarse de mí; y el vetusto médico imbécil se ve que no nos podría inventar nada que nos dé risa más que si lo invento yo o inventa de mí: además de ser listo soy motivo de que los otros lo sean también...

Príncipe Hal

(Tranquilo, a Poins.) Voto a Dios, Poins, que mi alma me reprocha este ocioso vivir sin pundonor... *(Al sonreír Poins el príncipe calla. Y luego, gravemente...)* Me arde el pecho viendo que mi padre se agota. *(Poins ríe; luego calla...)* ¿Quieres oír tú algo, Poins?

Poins

(Con forzada alegría.) Siendo bueno y excelente, sí.

Príncipe Hal

(Con glacial sonrisa.) Bastante... para sesera no mayor que ésa.

Poins

(Después de un momento.) Bueno. Aguantará el puñetazo de cuanto digáis.

Príncipe Hal

(Tranquilo, con dulzura.)
Quiero decirte, cual a quien bien llamo,

Por faltarme mejores, gran amigo,
Que debiera... sentir... tristeza.

Poins

Mucha no, si el tema a tratar soy yo.

Príncipe Hal

(Con repentino asco.) Tú créesme tan perdido y tan bribón cual tú y cual Falstaff...

Falstaff empieza a hablar con tan calmosa y pausada sinceridad, que al principio no advierten que se chancea... Hal mira a Poins...

Falstaff

Las malas, villanas compañías lleváronme a este fin... Un gran lord del consejo riñóme el otro día en la calle a causa tuya, sí, mas no presté oído; y no obstante habló cual sabio, y en la calle lo hizo.

Príncipe Hal

(Sigue el juego.) Dices bien; pues el juicio grita en la calle y en balde grita... Ned.

Poins

¿Qué, milord?

Príncipe Hal

(Con dulce y peligrosa sonrisa.) ¿Qué dirías tú de mí si llorase?

Poins

(Retrocede..., esperando que tan peligroso humor se disipe.) Os creería un fabuloso hipócrita.

Falstaff

Dadme los dos vuestra compaña. Tanto sapiencia cual ignorancia se agarran, como agarras dolencias de cualquiera...

Príncipe Hal

(Sigue, muy suavemente.) ¿Un hipócrita? Eso es pensar muy poco; eso cualquier pelafustán lo discurre y lo piensa... Tomas caminos que cualquiera podría coger...

Hal no ha dejado de mirar a Poins a la cara...

Falstaff
(A todos, señalando al príncipe.) Abomino su compañía a toda hora desde hace casi veinte años.

Se levanta del lecho.

Príncipe Hal
(Para sí.) Todo hombre creeríame un hipócrita, así es.

Falstaff
Estoy fascinado con su amistad... Si este hechicero no dióme algún filtro que me embelesé, que me ahorquen.

Príncipe Hal
(Muy suave y tranquilo.) Ya entenderéis al fin...

Falstaff
(Sigue el juego, aunque turbado por el tono del príncipe.) Esa es la verdad, un filtro me han dado...

Hal va a irse... Los otros le siguen.
Larga pausa... Se miran a los ojos...

Príncipe Hal
Buenas... noches... [Falstaff, adiós...]

Otra breve pausa... Se vuelve y sale aprisa de la posada.

[Cambia a: salón principal de la posada.]

Gran alboroto... Muchos están bailando... Falstaff, abriéndose paso entre la turba, no puede resistir y da unos valsones... Pero renquea demasiado... Sale, cojeando, al patio.

Voces
¡Muchacha, estáis rolliza! –¡Ja, ja, ja! –¡Aprisa, aprisa! –¡Más vivo! –¡Menea esos lomos, cuitada! –¡Más vino! –¡Sir Juan, a bailar! –¡Que baile, que baile! –¡ Ja, ja, ja!

[*Patio.*]

FALSTAFF

(*Al paje.*) ¡Den pus a la gota... o la gota a la pus! [¡Bubas a la gota... o la gota a las bubas!] ¡Pues lo uno o lo otro tiénenme el dedo del pie ardiendo!... Bien, casi es mejor si cojeo: libré guerras por mi enseña, y mi pensión será así más razonable. El ingenio busca en todo industria: haré de este achaque conveniencia. La noche nos aparejó su exquisito manjar, y hay que irse, y perderlo.

PRÍNCIPE HAL

Buenas... noches. [Falstaff, adiós.]

[*Contracampo:*]

DORA LIRÓN

¡Juan! Juan...

Corre en su busca pero tres parroquianos la atrapan y la arrastran al interior de la posada... Falstaff se encoge de hombros y se va...

FALSTAFF

Salgamos hacia Gloucestershire, a ver a maese Roberto Cero, antes. Le tengo ya harto resobado entre mi pulgar y mi índice y lograré sacarle algo.

[*En la puerta de la posada.*]

DORA LIRÓN

(*Se ha escapado de los parroquianos.*) Juan... ¿Dejarás de pelear de día y festear de noche y pondrás tu viejo tronco en paz con los cielos?

FALSTAFF

¡Por... Dios, ni que fueras un cura! Tú no me amas si me ves viejo...

Inicia la marcha.

DORA LIRÓN
(Tras él, eleva la voz.) Eh, Juanín; que te cuides, hijo.

Se queda de pie, mirándolo partir...

(ESCENA 23) EL CASTILLO (NOCHE)

Un grupo de lores reunidos ante la puerta de la alcoba real.

PRÍNCIPE HAL
(Voz, O.S.) ¿Dónde está el duque de Lancaster?

Entra en escena... Se detiene, enfrentándose con su hermano menor.

LANCASTER
Héme aquí, hermano, muerto de pena.

PRÍNCIPE HAL
(Riendo.) ¡Oh, no! ¿Llueve dentro sin llover fuera? *(La expresión de Lancaster le hace callar... Una pausa...)* ¿Cómo está el rey?

WESTMORLAND
Agoniza.

Hal mira a Westmorland un momento, pasa junto a él rozándolo y penetra en:

(ESCENA 23A) LA ALCOBA DEL REY

El príncipe llega hasta el lecho de su padre.

PRÍNCIPE HAL
Pa... padre [Padre mío.] [O, simplemente: Padre]

(Un silencio... El rey no se despierta...)
La corona, ¿qué hará junto a su frente?
¿Puede acaso sus males suavizar?
(A la corona:)
Oh, majestad...
Cuando en la frente pesas de tu dueño
Eres rica armadura que al sol luce
Y que al rey quema.
(Se vuelve hacia el rey.)
¡Padre y señor! ¡Buen padre!
(Un silencio.)
Tendrás por mí
El llanto y devoción que te debiera;
Mi sangre, afecto y mi ternura leal,
Te doy, ay, padre, porque amarte sé.
(Se levanta.)
Me debes tú este reino y mi corona,
Que Dios te dio: si el poder de Satán
Entero la acosara, la verás
En la testa de un bravo... Y a mi hijo,
Daré en la muerte, cual la recibí.

Se vuelve hacia la puerta... Advierte que está vacía y comprende que está solo... Sale del aposento.

(Escena 23B) La capilla

Se arrodilla ante el altar...

[Cambia a:]

(Escena 23C)

El rey
(*Voz, O.S.*) ¡Lancaster!, ¡Lores!, ¡Westmorland!

Ellos se precipitan hacia el lecho.

(Escena 23D) El lecho

Lancaster
(*Al entrar.*) ¿Qué queréis, mi señor?

Westmorland
Calmaos, señor...

El rey
(*Con repentinos terror y angustia.*)
¿Y la corona?
(*Los cortesanos cambian perplejas miradas...*)
¿Quién se llevó mi amparo?
(*Siguen sin saber qué contestarle... Comienza a incorporarse. Tajante.*)
¿El príncipe?

[Serie de tomas.]

¿Tal ansia tienes por mi trono real
Que el signo del imperio atrapas antes
Que mi hora haya venido?
Tú escondiste la daga del rencor
Aguzándola en tu corazón seco
Y acercar buscas la hora de mi fin.
¿Quieres tú no vivir más sin reinar?
Entonces sal, corre a abrir ya mi tumba,
Y pide bella música, que diga
Que coronado estás, no que yo he muerto.
Vende a mis tropas, rompe mis decretos;

Pues llegó el tiempo del temor y el mal.
Enrique quinto es tuyo, vanidad,
Que el reino cante y callen consejeros:
La corte inglesa se tornó un figón
Para albergar el ocio y la ruindad.
Reinos vecinos, más no receléis:
¿No veis que el rey borracho está y que danza?
¿Le veis saquear? ¿Dar muertes? ¿No comete
El añejo delito al nuevo modo?
Por la Cruz, que él no os estorbará más;
Inglaterra perdona su vileza,
Inglaterra le da oficio, honra y prez:
Porque el monarca aplaude al desenfreno,
El bozal le retira, y el vil dogo
Colmillos hinca sobre el inocente.

Príncipe Hal
Ya no pensé escucharos, padre y rey...

El rey
Si así lo piensas, es que lo has querido;
Tardo tanto en morir... Te canso ya...
Pero ¿por qué has hurtado la corona?

El príncipe se quita la corona de la cabeza y la pone en las manos de su padre...

Príncipe Hal
Dispensadme, mi rey... Dios esto sabe:
¡Cuando os vi, grave y yerto, sobre el lecho,
Hielo sentí en mi ser! Creyéndoos ido,
Hablé yo a esa corona cual si oyese,
Y así la amonesté: «Lo que de ti depende
Comió y sorbió la vida de mi padre;
No es bueno y bello tu oro, sino odioso:
Pues tu fama, fulgor y poder regio
Sólo son muerte ya.» Después, mi dueño y rey,
Con duro ardor, la coloqué en mi sien,
Decidido a rendir cual a enemigo

A quien pudo en mi faz matarme al padre...

El rey
¡Hijo mío!
Dios puso en ti el impulso de quitarla,
Y ha dispuesto que más tu padre te ame
Viendo la honrosa excusa que le das.
(Juntos, suben las gradas... El rey se deja caer en el trono.)
Ven... Y oye acaso el postrero consejo
Que de mí recibes...
Dios sabe, hijo, por qué mal paso
Y senda sin honor subí a este trono:
Y ha habido muchos que me reprobaron
Pues su ayuda me dieron al ganarlo.
Fúnebre rey, no vi más en escena,
Que ese único argumento. Mas la muerte
Lo cambia; pues si yo me vi manchado,
Por ti podrá tener fin más dichoso.
No obstante, si por ti cesa el dolor,
Sé cauto, pues los odios reverdecen:
Haz que mis fieles te amen más que a mí,
Confórtalos, que están aún resentidos.
{Por su poder al reino fui elevado,
Temí después caer por su traición,
Sufrí constante miedo.}
Haz pues, mi Enrique,
Militares campañas con que olviden
Civiles guerras; que la acción les borre
Vagas nieblas funestas del pasado...
(Vacila... Se reclina contra el respaldo.)
Ven aquí... Mas mi aliento se ha ido ya,
No logro hablar, y siento que algo rompe...
Yo gané mal el trono; Dios, perdón:
Haz que en él mi he...rede...ro su paz halle...

Está sentado e inmóvil en el trono... Una pausa... El príncipe advierte que ha muerto.

(Escena 23F)

[Plano general: salón del trono.]

Westmorland
¿Cómo está el rey?

Príncipe Hal
Ya se halla bien: sus congojas cesaron.

Lancaster
¿Aún alienta? [¡No habrá muerto!...]

Príncipe Hal
Llegó a su fin. [Ya no vive.]

Un momento de silencio. Después, todos se arrodillan.

Lancaster
¡Viva su majestad! [¡Dios salve a su majestad!]

Todos
¡Viva su majestad! [¡Dios salve a su majestad!]

Príncipe Hal
(Gentil.)
Yo sé que ahora desconfiáis...
Trocaréis vuestro llanto
Por numerosas horas de placer.

Lancaster
Así es, si agrada a vuestra majestad.

Príncipe Hal
La sangre subió en mí
Cual fácil flujo vanidoso hasta hoy;

Ahora se torna en calma hacia su ser
Donde se mezcla con un regio mar,
Y fluirá en paz con firme majestad.
(Breve pausa.)
Y ahora, citad al parlamento.

Se vuelve hacia el trono...

[El trono.]

El príncipe se acerca al rey, que sigue sentado sin vida en el trono... Con mucha suavidad le quita la corona de su regazo.

Príncipe Hal

Muy gran señor,
Vuestra es, la legásteis y la tomo;
La bondad real premióme con su fe:
¡Y yo hago votos aquí, por vos,
De conservarla con férrea mano!

(Escena 24) La casa de Cero

[Allí vemos a Cero, a Silencio y a Falstaff exactamente como al principio de la película... Sentados juntos al lado del fuego...]

Cero

¡... Ah, caro [primo] Silencio, cuántas cosas que sir Juan y yo vimos!...
¿Eh, sir Juan? ¿Dije bien?

Falstaff

Cuando oimos las campanas a... medianoche...

Cero

Se oyeron, se oyeron, se oyeron; ¡a fe, sir Juan, que sí! ¡Jesús, Jesús, que bellos días aquellos! ¡Cuántos que ya han muerto entre vieja gente conocida!

Silencio

(Sombrío.) Es de ley morir, cuan... cu...c...

Falstaff le echa a Cero una perpleja ojeada.

Cero

(Rápido, con tristeza.) Cierto, eso es cierto; ya dice el Salmista que es seguro eso... Es cierto... *(Cambia el tono.)* ¿Viste los cuatro bueyes en la feria?

Silencio

Los cu... cuatro bbb...

Cero

(Vuelve a su tono triste.) Sí que es cierto... [Muerte cierta...] *(Fuera, el viento gime.)* ¿Sigue aún el viejo Tom en tu pueblo?

Silencio

Murió.

Falstaff se siente fastidiado...

Cero

¡Jesús, Jesús, muerto! *(Falstaff se muestra deprimido.)* ¡Qué arquero que fue! ¡Jesús! ¡Y ya ha muerto! Juan de Gante vio su arco, y apostaba por él entonces... ¡Muerto!

Silencio

(Con infinita tristeza.) Muerto...

Falstaff se muestra aún más deprimido.

                    CERO
Muerto... *(Cambia de tono.)* ¿Viste las ovejas?

                  SILENCIO
(Lento.) Lindas ovejas...

                    CERO
(Le corta.) ¿Con que Tom se murió?

                  SILENCIO
¡Muerto...!

                  FALSTAFF
(Casi en involuntario eco.) ¡Muerto...! *(Harto.)* Maese Cero, yo me iré ya ahora.

                  SILENCIO
(Abstraído.) Lindas ovejas...

                  FALSTAFF
(Firme.) Yo parto sin más, con que excusadme.

Falstaff va a levantarse... Cero lo detiene...

                    CERO
¡Si os vais no os excuso! No tendréis mi excusa; las excusas no me hacen falta. *(Llama.)* ¡David, aquí!

Una corta pausa mientras esperan al criado...

                  SILENCIO
(De repente.) Las ovejas valdrán diez libras...

                    CERO
La perdiz, David, que la guisen con un par de gallinas, el otro pernil, y alguna buena guarnición de carne.

                   DAVID
(A Falstaff, al salir, afeminado.) Señor, qué bien debéis cenar...

Sale, ligero. Falstaff le mira salir...

Falstaff
(A Cero.) El David este os es útil; hace de galopín y de dama...

Silencio
«Si es barato y la hembra cara,
Galanes hay que pasean
Tan felices,
¡Y siempre se ven tan felices!»

Falstaff
No creí yo que maese Silencio fuera a mostrar tal fuego.

Silencio
No, ¿eh? Es que fui feliz uno o dos años...
(Sigue.)
«Galanes hay que pa... sean...
Y siempre se ven... tan...»

David
(Reaparece en la puerta, diligente.) Si yo viera Londres un día de estos...

Cero
(Codazo a Falstaff.) Pues tal vez te llevemos a la corte.

Falstaff
(Fastidiado por la idea, pero disimulando.) ¡Por Dios, sí, oh, sí! [Suena como: ¡Uh, uh, uh!]

Cero
(Semiaparte.) ¡Sal ya!

Silencio
(Se levanta de pronto.) ¡Salud a sir Juan Falstaff, y a todos los caballeros que hay en Londres!

Cero
Bien dicho, sí.

Silencio

¡De un trago, un cuartillo de este buen vino, sir Juan!
(Sigue.)
«Muy feliz, muy feliz mi dueña está.»

Cero
¡Creo que llegó alguien ahora!...

Silencio
(Sigue.) «¡Buen cepo que son, bajas y altas!»

Cero
(Se une a Silencio.)
«¡Y a la vida alegre voy yoooo!».
(Bailan juntos.)
¡Yo estudié en San Clemente, y aún dirán del trueno del buen Cero allí!

Silencio
«Gorrino Cero», así os decían allí.

Cero
¡Por Dios, me dijeron de todo! ¡Y es que todo sabía hacerlo cual nadie, yo! ¡Así era yo! Y vos, Juan Falstaff, hoy sir Juan, un paje fiel de Tomás Mowbray, duque de Norfolk, ¿eh, sir Juan? *(Su risa termina en un hipo de beodo.)* ¡Pues a fe, que he libado mucho!

Silencio
Seré muy feliz, hoy... *(Se apaga.)* Esta va a ser noche alegre...

Cero
Vamos a cenar.

Más llamadas.

Pistolo
(Voz, O.S.) ¿Quién atiende aquí la puerta?

Cero
¡David...! *(A Falstaff.)* Venid... [Vamos...]

Falstaff
Yo voy con gusto, maese Cero...

Cero
(Sale tambaleándose.) ¡Jesús! ¡Qué días nos tocó ver!

Falstaff
(Mitad a su paje y mitad para sí.) ¡Oh, Dios, qué dados que somos a soltar patrañicas! Este juez tonto se lanza a afirmar que fue un tronera en su juventud, y qué mentiras no echó ya.

Cero
(Voz, O.S.) ¡Sir Juan!

Falstaff
Ya voy, maese Cero... *(Al paje.)* Sacaré aún bobadas tan grandes de este Cero, que aún se podrá Enrique seguir riendo por dos o tres años sin parar. *(Se ríe anticipadamente.)* Oh, tú tendrás que ver...

David vuelve a entrar corriendo en el aposento, ahogado por la emoción.

David
¡Excusad! Un tal Pistolo vino con buenas noticias...

Falstaff
(Se levanta.) ¿Pistolo?

Pistolo
(Irrumpe en el aposento.)
¡Sir Juan! ¡Yo soy tu Pistolo y tu amigo!
Y desde Londres te vengo a anunciar
Grandes, dichosas, bellas alegrías,
¡Y el oro que por siempre ha de sobrar!

Falstaff
(Con fatigada risa.) ¿Qué ruin viento te trae, Pistolo?

Pistolo
No es aire ruin, que es fuerte ventarrón: Juani...to, ¡eres ahora un noble de los más insignes!

Cero

(Vuelve a escena.) Dadme venia, sir. Sir, si... son nuevas de palacio, acá, sir, detrás del rey, soy suma autoridad.

Pistolo

¿Tras de qué rey, mocete? ¡Explícate!

Cero

(Contestando a una pregunta que le parece estúpida.) Del rey Enrique.

Pistolo

¿Enrique cuarto o quinto?

Cero

(Impaciente.) ¡Enrique cuarto!

Pistolo

(Despectivo.)
¡Te puedes morir también!
Sir Juan, tu tierno cabrito ya es rey:
¡Enrique quinto al fin!

Falstaff da un brinco.

Falstaff

¡Qué!... ¿Ya se ha ido el anciano? [¡Qué! ¿Murió el viejo rey?]

Pistolo

Ya se largó.

Falstaff

Adiós. Traed mi ro...cín, ¡este otro rey sí que me ama! ¡¡Corro a Londres!!

Paje

(Sale corriendo.) ¡Oh día feliz!

Falstaff

¡Maese Roberto Cero, escoge el oficio que tú quieras, tuyo es! Pistolo, te ha de pesar tanta riqueza. Buen Silencio, milord Silencio, ¡ministro soy de la fortuna hoy! *(Abre la puerta de un gran golpe.)* Pistolo, dime algo más, y disponte a embaular tu dinero.

(Escena 24B) Exterior de la casa de Cero (noche)

Falstaff

(Sale presuroso por la puerta.)
¡Coged cualquier caballo! [¡Coged los caballos de cualquiera!]
(Se vuelve hacia los demás con un ademán de exaltada magnificencia...)
¡La ley de Inglaterra está bajo mi mando!
Feliz el que haya sido mi amigo.
¡¡¡Y al cuerno milord juez Mayor!!!

[*Un cielo lleno de banderas. Campanadas jubilosas reemplazan al toque de difuntos... Una brillante fanfarria de trompetas.*]

(Escena 25) Londres - Una plaza pública (día)

Suenan campanas de nuevo...
Falstaff entra en escena muy agitado, precediendo a Cero y a Silencio... El resto de su vieja cuadrilla le sigue de cerca (y también unos cuantos refugiados del ejército harapiento).

Pistolo

¡Dispón tu lengua, sir!

Falstaff

(Sin aliento por la emoción.) ¡Junto a mí, maese Roberto Cero! Si así os ve tendréis ya su gracia... Cuando llegue fijaos en él y en mí; ¡cuando yo me ponga a su lado y el rey se asombre!

{Pistolo
¡Las olas rugen, las trompetas suenan!

Voces
¡El rey! – ¡El rey! – ¡El rey!}[25] ¡Dios salve al rey! – ¡Viva Enrique quinto! – ¡Viva! – ¡Mira qué hermoso! – ¡Lleno está de majestad! – ¡Que Dios le ayude!

Otro floreo de trompetas...

Falstaff
¡Oh, si me dieran [dan] tiempo a comprar un jubón! *(A Cero.)* Habría invertido las cien libras que me habéis dado. Pero no importa; ir mal casi es mejor: le haré así ver que llegué a rienda suelta.

Cero
Eso sí.

Voces del gentío
¡El rey! – ¡El rey! –¡Ya llega! – ¡Viva Enrique quinto! – ¡Dios salve al rey!

Un estremecedor redoble de tambores...

Falstaff
Él comprenderá todo mi afecto.

Cero
Eso sí.

Falstaff
Mi devoción.

Cero
¡Eso, eso, eso...!

Falstaff
A caballo día y noche; y no dudar ni pensar, no cuidarme más, no es-

---

25   Buero señala estas líneas y anota al margen: «¡Ojo! Repetido en el guión más adelante»

coger vestido nuevo, pero sí llegar sucio, con sudor y sediento y roto; sin quietud ni descanso, porque ya no es menester dormir bien, y hay que amarle a nuestro rey como se ama a los hijos.

Una explosión de vítores de la muchedumbre. Fragor de trompetas...

Voces del gentío

¡Viva el rey! – ¡Viva! – ¡Viva! – ¡Dios salve al rey! – ¡Enrique, Enrique! – ¡Inglaterra y Enrique!

{Pistolo

¡Las olas rugen, las trompetas suenan!

Voces

¡El rey! – ¡El rey! – ¡El rey!}[26]

Y aparece el rey Enrique quinto, coronado y regiamente ataviado... Siguen en procesión los príncipes de sangre real, los príncipes de la iglesia y los pares del reino...

A Falstaff le ahogan el amor y el orgullo... Grita: pero su voz se pierde en el ruido general... Un gran clamor se eleva:

Voces

¡Dios salve al rey!

Falstaff

(Se adelanta presuroso.) ¡Dios te sal...ve, hijo mío!

¡¡¡Un súbito silencio de estupefacción...!!!

Lord juez Mayor

¿Estáis loco? ¿Sabéis a quién habláis?

Falstaff

¡Mi rey! ¡Mi amor! ¡Te habla tu Juan, mi Hal!

---

26   En este caso, lo que anota Buero es: «¡Ojo! Repetido en el guión más arriba».

El rey Enrique V
Anciano, no estorbes: vuelve a tus plegarias...
(Falstaff va a hablar. El rey lo detiene con un ademán.)
¡No le van al payaso blancas canas!
(Un silencio... Luego el rey prosigue:)
Ya hace mucho que sueño con un viejo
Tan seboso, tan loco y tan profano;
Mas fue sueño que yo debo olvidar.
Menos el vientre cuides, más el seso;
No comas tanto, que en tu tumba caben
Más de tres de los hombres que aquí ves.
(Otra vez desconcertado, Falstaff, que no cree en lo que oye, va a hablar... Ahora con el ahogo de una risa nerviosa... Y otra vez el joven rey le corta la palabra:)
Si vas a responder con bobas chanzas
Piensa que estás ante otro que el que fui...
(Alza su voz para que todos los presentes le oigan:)
Pues juro a Dios, y todos lo veréis,
Que ya licencia di a mi primer ser;
Y la he de dar a quien me acompañó.
(A Falstaff.)
Cuando te digan que volví a aquel vicio
A mí ven, y serás cuanto ya fuiste:
El tutor, el ruin padre de mi error.
Y ahora, so pena de la vida, vete.
De aquí saldrás con los demás bandidos,
Y no te quiero ver en veinte millas.
(Se ve la muerte en la cara de Falstaff... El joven rey lo advierte y suaviza su acento.)
Medios modestos te daré y recursos
Con que tu vida y pundonor se salven:
Y si el acaso tu reforma hiciese
Y se acreditan justos tus anhelos
Tal vez te amemos.
(Al juez Mayor.)
Me daréis cuenta, milord,
Del cumplimiento estricto de mi ley.

El lord juez Mayor se inclina... Todos se inclinan... Y el rey sigue su camino... La escena se vacía rápidamente; el gentío sigue al cortejo real o vuelve a sus hogares... Sólo Falstaff permanece inmóvil... Como una estatua de hielo en la calle barrida por el viento... Al fin, sus ojos se desvían del lugar donde vio al rey por última vez... Y se vuelve despacio al precario grupo de sus seguidores –que ya iniciaba su retirada.

Falstaff

Maese Cero... Yo... *(Habla con mucha dificultad.)* Yo os debo cien libras.

Cero

(Tajante.) Sí, sir Juan; conque espero y ruego que me las devolváis.

Falstaff

(Con una risa turbia.) Se tendrá que ver, maese Cero... *(Una pausa. Se esfuerza en aparentar alegría:)* Oh, no lo deploréis... *(Apela a los otros:)* Claro, él finge ante los otros... *(Como si le diese a Cero algún informe confidencial:)* Ahora me llamará en privado, sí... *(Los restos de su ejército harapiento han comenzado a dejarle... Y, sin que Falstaff lo advierta, Bardolf y Nym siguen a los soldados...)* Vuestro asunto va bien; aún soy vuestro hombre y os haré muy rico [ricos –según hable a Cero o a todos–].

Cero

(Se chancea, sin gracia.) ¡No alcanzo bien por dónde, si es que no nos dais vuestro jubón relleno de guijas! *(Le da un codazo a su primo Silencio para que aprecie su chiste... Pero nadie ríe...)* Servíos, sir Juan, devolverme cincuenta monedas...

Falstaff

(Digno.) Sir, yo siempre las deudas pago. *(Cero y Silencio van a irse.)* Lo que ha dicho el rey es burla... So color de...

Cero

(Al irse.) Un color que tal vez no os quitaréis, sir Juan.

Falstaff

(Despectivo.) ¡Vaya un susto! Bien, os convido a cenar. *(Pero ya se han ido...)* Vamos, teniente Pistolo, ¿Bardolf...? *(Falstaff está solo...)* Ahora él me llamará, de noche...

(Escena 26) Exterior. Iglesia (¿alberca?)

OBISPO
Agradame el modo digno del rey...

WESTMORLAND
(Preocupado.) Pero... los barrió.

LANCASTER
(Disfrutando con sus propias palabras.)
Hasta que con más juicio
Cobren modestia y mejor corazón.

LORD JUEZ MAYOR
(Con unción.)
Ha ordenado que aquellos picarones
Sigan vivos y lleven buena bolsa.

Un gran alboroto entre las turbas... Un cruel alboroto...

(Escena 27) Otro ángulo: calle (¿alberca?)

Numerosas prostitutas han sido arrestadas y son arrastradas por la multitud, que ríe, hacia la prisión.

VOCES
¡A galeras! – ¡A ver si queda Londres limpio de podre! – ¡Ahora pagarás lo que me regalaste, zorra! – ¡Ja, ja, ja! – ¡Vamos, no llores! – ¡Canta! – ¡Ay, Dios mío! – ¡Piedad! – ¡Quién nos lo iba a decir! – ¡Vamos! – ¡Aprisa! – ¡Se acabó la industria! – ¡Cállate o te pego un puntapié en el tafanario! – ¡Ya se va la podre! – ¡Tonto, es peor! – ¡La podre de tu madre, cerdo!...

(Escena 28) La posada de «La cabeza del jabalí»

También aquí se procede al brutal arresto de las mozas...
Primero se oye la voz de Dora Lirón, y luego aparece...
Es la última de una larga fila de prostitutas...

Dora Lirón

Borrico, muerto de hambre, *(¿Aparece?)*[27] ¡que estoy encinta y lo malogras! ¡Tú, gran bestia, zúrrale a tu madre, so bribón, mal bicho! ¿Verme yo con justicias?

Alguacil

(A la gente.) ¡Que te han de dar buena zurra, ya verás, ya!

La gente se muere de risa... Los corchetes conducen a Dora...

Dora Lirón

¡¡Juan!! ¡¡¡Juan Falstaff!!! ¡Si él viene ya os veréis listos, cabritos!

La arrastran.

Alguacil

(A sus hombres.) Conducid a Juan Falstaff a la prisión...

(Escena 29?) Otro ángulo

Bardolf

(Escondido con el caporal Nym.) ¿A prisión?... Ya ni puede andar...

Paje

(Se precipita sin aliento en la escena.) ¡Id con sir Juan!... {Debéis ir con

---

27 De nuevo es Buero Vallejo quien introduce esta pregunta entre paréntesis. En la película de Orson Welles esta escena va unida a la anterior y no hay cambio de escenario, por lo que el arresto de Dora Lirón se produce en la calle. Es cierto que este personaje irrumpe en medio de la conversación entre los nobles.

mi amo ya. ¡Ah, el pobre! qué mal que se encuentra él... Id a verle allí...
}[28]

Nym
El rey le ha sabido morder con saña...

Paje
Daos prisa, debéis verle...

Bardolf
(Sombrío.) El rey es un gran rey, pero... En fin, bien se ha de ver...

[Cambia a:]

(Escena 30) Exterior. Las almenas del castillo (tarde)

Una asamblea de nobles congregada ante el nuevo rey, adulándolo desmedidamente...

Grey
No hubo rey más temido y bien querido
Que vuestra majestad.

Vernon
Ningún vasallo está dolido o triste
Con el dulce cobijo que en vos ve.

El rey Enrique V
(Seco, cortando el flujo.)
Nuestra mayor gratitud al país.
(Se levanta.)
¡Y ahora, por Francia!

Un murmullo de expectación.

---

[28] Esta parte de la intervención del paje de Falstaff está escrita a mano en el margen del texto y precedida por un signo de interrogación.

Voces

¡Francia! – ¡Francia! – ¡Estaba seguro! – ¡Él podrá hacerlo! – ¡Inglaterra será grande! – ¡Francia!

El rey Enrique V

Será una lucha bella y justiciera...
(La voz del rey Enrique se alza sobre los murmullos en una emocionante llamada a las armas.)
¡Empiece la campaña! Rogaremos
Con fe y aliento a nuestro Hacedor
Para que Él traiga la victoria.

Westmorland

El cielo guerra pide:
¡No haya Inglaterra si no reina en Francia!

Un gran vitoreo acoge estas palabras... Marcha militar... Agitada emoción general...

Voces

¡Inglaterra y Enrique! – ¡Francia por Enrique! – ¡Dios salve al rey! – ¡A Francia! – ¡A Francia!

El rey Enrique V

Milord juez Mayor. *(El juez Mayor se adelanta.)* Dejad libre a quien prendisteis ayer...

Lord juez Mayor

¿Falstaff?

Grey

(Con ardor.) Que sufra prisiones, mi rey; que su ejemplo bien puede reprimir a otros cual él.

El rey Enrique V

(Con sonrisa un tanto peligrosa.) Oh, hay que ser muy piadosos.

Vernon

(Con ardor.) Deberéis juzgarlo aunque seáis piadoso.

El rey les sonríe gentilmente... (Grey y Vernon son antiguos rebeldes que el rey ha perdonado.).

EL REY ENRIQUE V
Si un chico mal, por ocio hecho costumbre,
Yo no perdono, ¿cuál sería el castigo
De rebeldías, maldades y traiciones
Que hemos vivido?

[Primer plano. El rey.]

Yo considero
Que el exceso de vino le incitó...

(ESCENA 31) LA POSADA DE «LA CABEZA DEL JABALÍ»

POINS
¿Falstaff...?

PAJE
Falstaff murió. [Falstaff ha muerto.]

Se acercan al ataúd...
Un silencio.

NYM
El rey le ha destrozado...

BARDOLF
(Después de un momento, con un suspiro.) Dondequiera esté, con él me iría. ¡Con él al infierno o al cielo!

SEÑORA YESCA
No, no es...tá en el infierno, a una estrella partió, si es que algún alma llegar allí puede...
Qué buena muerte ha tenido, se ha ido cual niño bautizado en cuna...

Se fue así como sobre las doce, con... la marea «discriciendo» ya: pues le vi que jugó a mover los dedos y a plantar flores... en mis sábanas por doquier, y era que iba a morirse; pues la nariz se le afilaba y cantaba *Verdes Campos.*
«¡Hola, sir Juan!» – le dije. «¡Hombrón! Feliz estáis».
Sir Juan gritó «¡Dios, Dios, Dios!» tres o cuatro veces... Yo le rogué, por calmarle, que no gritase a Dios; y es que pensé que no era el tiempo aún de «pripararse» a tal trance... Conque me pide mantas en los pies: y me pongo a tocarlos por debajo, y están helados cual anguilas; tiento sus rodillas, y heladicas cual anguilas, y así subiendo y subien.. do y todo helado cual anguilas...

Ponen el enorme ataúd sobre un carrito y después (con bastante trabajo) la pobre cuadrilla de los compadres de Falstaff lo empuja hacia el:

(Escena 31A) Patio de la posada

[Durante esta escena cruzan por el patio y salen por las puertas a:]

(Escena 31B) La calle

PAJE
(Caminando.) Y quería vino...

SEÑORA YESCA
Sí...

BARDOLF
¿Y no damas? [¿Y mujeres?]

SEÑORA YESCA
No, nada dijo.

Paje
Decía él que el diablo lo atrapaba por las damas. [las mujeres.]

Señora Yesca
Algo sí sobó, cierto es, a las damas; pero con el «ruma» de...cía horrores de zorras babilonias.

Los hombres se detienen un momento para descansar...

Paje
(*Sonríe.*) ¿Y un día que le vio a Bar...dolf una pulga en las napias paseándose y dijo que era un alma quemándose en el fuego?

Bardolf
(*Gruñe.*) Se a...cabó la leña para ese fuego: esta es la riqueza que gané al servirle... Bien. ¿Se sigue?... [¿Seguimos?...]

Empiezan a empujar el enorme ataúd...
La señora Yesca mira como se alejan por el camino...

{Narrador
Desde que subió al trono, el nuevo rey decidió transformarse en un nuevo hombre.
Enrique quinto fue un adalid de tal prudencia y de tan sabia política que nunca se arriesgó a ninguna empresa sin ponderar sus riesgos y venturas.
Humano con todos, no dejó falta sin castigo ni lealtad sin premio.
Modelo de soberanos en su vida y en su muerte, brilló su honor cual una estrella y dejó, en el mundo, fama imperecedera.}

FIN

www.ingramcontent.com/pod-product-compliance
Lightning Source LLC
Chambersburg PA
CBHW021830300426
44114CB00009BA/389